全国统计教材编审委员会“十二五”规划教材

U0855544

应用抽样技术：学习指导与习题解答

新编

杨贵军 孟杰 编著

中国统计出版社
China Statistics Press

图书在版编目(CIP)数据

应用抽样技术：学习指导与习题解答 / 杨贵军，孟杰编著.
—— 北京：中国统计出版社，2017.7
全国统计教材编审委员会“十二五”规划教材
ISBN 978-7-5037-8136-0

Ⅰ. ①应… Ⅱ. ①杨… ②孟… Ⅲ. ①抽样调查统计
—高等学校—教材 Ⅳ. ①C811

中国版本图书馆 CIP 数据核字(2017)第 090672 号

应用抽样技术：学习指导与习题解答

作　　者/杨贵军　孟杰
责任编辑/姜　洋
封面设计/上智博文
出版发行/中国统计出版社
通信地址/北京市丰台区西三环南路甲 6 号　邮政编码/100073
电　　话/邮购(010)63376909　书店(010)68783171
网　　址/www.zgtjcbs.com
印　　刷/河北鑫兆源印刷有限责任公司
经　　销/新华书店
开　　本/710×1000mm　1/16
字　　数/230 千字
印　　张/13.5
版　　别/2017 年 7 月第 1 版
版　　次/2017 年 7 月第 1 次印刷
定　　价/29.00 元

国家统计局
全国统计教材编审委员会

出版说明

全国统计教材编审委员会是国家统计局领导下的、全国统计教材建设工作的最高指导机构和咨询机构，自1988年成立以来，分别组织编写和出版了“七五”至“十一五”全国统计规划教材。

“十二五”时期，是我国全面实施素质教育，全面提高高等教育质量，深化教育体制改革，推动教育事业科学发展，提高教育现代化水平的时期。“十二五”伊始，统计学迎来了历史性的重大变革和飞跃。2011年2月，在国务院学位委员会第28次会议通过的新的《学位授予和人才培养学科目录(2011)》(以下简称“学科目录”)中，统计学从数学和经济学中独立出来，成为一级学科。这一变革和飞跃将对中国统计教育事业产生巨大而深远的影响，中国统计教育事业将在“十二五”时期发生积极变化。

正是在这一背景下，全国统计教材编审委员会制定了《“十二五”全国统计教材建设规划》(以下简称“规划”)。根据“学科目录”在统计学下设有数理统计学，社会经济统计学，生物卫生统计学，金融统计、风险管理与精算学，应用统计5个二级学科的构架，“规划”对“十二五”全国统计规划教材建设作了全面部署，具有以下特点：

第一，打破以往统计规划教材出版学科单一的格局。全面发展数理统计学，社会经济统计学，生物卫生统计学，金融统计、风险管理与精算学，应用统计5个二级学科规划教材的出版，使“十二五”全国统计规划教材涵盖5个二级学科，形成学科全面并平衡发展的出版局面。

第二，打破以往统计规划教材出版层次单一的格局。在编写出版好各学科本科生教材的基础上，对研究生教材出版进行深入研究，出版一批高水平高层次的研究生教材，为我国研究生教育、尤其是应用统计研究生教育提供教学服务。同时，积极重视统计专科教材出版，联合各专科院校，组织编写和出版适应统计专科教学和学习的优秀教材。

第三，打破以往统计规划教材出版品种单一的格局。鼓励内容创新，联系统计实践，具有教学内容和教学方法特色的、各高校自编的相同内容选题的精品教材出版，促进统计教学向创新性、创造性和多样性发展。

第四，重视非统计专业的统计教材出版。探讨对非统计专业学生的统计教学问题，为非统计专业学生组织编写和出版概念准确、叙述简练、深入浅出、表达方式活泼、练习题贴近社会生活的统计教材，使统计思想和统计理念深入非统计专业学生，以达到统计教学的最大效果。

第五，重视配合教师教学使用的电子课件和辅助学生学习使用的电子产品的配套出版，促进高校统计教学电子化建设，以期最后能形成系统，提高统计教育现代化水平。

第六，重视对已经出版的统计规划教材的培育和提高，本着去粗存精、去旧加新、与时俱进的原则，继续优化已经出版的统计教材的内容和写作，强化配套课件和习题解答，使它们成为精品，最后锤炼成为经典。

"十二五"期间，编审委员会将本着"重质量，求创新，出精品，育经典"的宗旨，组织我国统计教育界专家学者，编写和编辑出版好本轮教材。本轮教材出版后，将能够形成学科齐全、层次分明、品种多样、配套系统的高质量立体式结构，使我国统计规划教材建设再上新台阶，这将对推动我国统计教育和统计教材改革，推动我国统计教育事业科学发展，提高我国统计教育现代化水平产生积极意义。

让教师的教学和学生的学习事半功倍，并使学生在毕业之后能够学以致用的统计教材，是本轮教材的追求。编审委员会将努力使本轮教材好教、好学、好用，尽力使它们在内容上和形式上都向国外先进统计教材看齐。限于水平和经验，在教材的编写和编辑出版过程中仍会有不足，恳请广大师生和社会读者提出批评和建议，我们将虚心接受，并诚挚感谢！

国家统计局

全国统计教材编审委员会

2012年7月

序 言

随着大数据应用的不断扩张，抽样技术受到越来越广泛的关注。统计学者并不认为抽样技术将会被淘汰，反而觉得其更加重要。大数据为抽样技术提供了更多应用领域。另一方面，抽样技术也需要不断创新，以便更好地适应大数据时代发展。抽样技术作为一门本科的统计学课程，主要内容还应该集中于几种常用的抽样方法，让读者能更好地理解抽样技术的思想。同时，掌握这些常用的抽样方法也是进一步学习前沿抽样方法的基础。本书集中在这几种常用的抽样方法，与全国统计教材编审委员会“十二五”规划教材《应用抽样技术》教材配套。

《应用抽样技术：学习指导与习题解答》按教材的章节配置，共分为七个章节，主要包括抽样技术的基本概念、简单随机抽样、分层随机抽样、比率估计和回归估计、等距抽样、单级整群抽样、两级抽样。每个章节的结构都按照知识要点、习题解答和习题解答的R语言代码等内容进行编排。这样可以与教材进行合理搭配，便于读者更好地把握每章内容的教学重点和解析每章的习题，有效地学习和理解抽样技术的基础知识。

在书稿完成过程中，兼顾以下的两方面。

(1)强调了习题解答的严谨性。尽管抽样技术应用需要有一定的调查经验，不能把书本知识直接应用于调查实践，但是本书还是希望读者能够较严谨地回答每道习题，促使读者能够从理论上理解抽样方法的特点和应用条件，将对抽样技术的正确理解作为抽样技术应用的基础，更好地把握抽样技术应用中的方法运用合理性和结论可靠性。

(2)注重习题解答的R语言实现。在抽样调查实践中,出现了调查数据分析的很多手工计算技术,但在习题解答中采用较少。随着计算机普及,读者也希望其能够代替繁琐的计算,而将重点集中于学习抽样方法的性质。为了满足读者这方面需求,本书提供了习题解答的R语言代码,便于模仿,便于理解。

本书是由杨贵军和孟杰共同编著完成。在书稿完成过程中,多个年级的在读硕士研究生和在读博士研究生参与了书稿的整理、修订与校对。作者在此感谢天津财经大学中国经济统计研究中心和统计学系的支持。感谢中国统计出版社的大力支持和协助。感谢国家自然科学基金(11471239)和国家社会科学基金(17CTJ002)资助。本书的部分习题借鉴了相关参考书中的例题或习题,在此特向有关作者表示感谢。在书稿完成过程中,尽管我们付出了最大的努力,但书中仍会有一些缺憾。对于书中的不足,恳请各位专家和读者提出宝贵意见。

作 者

2017年3月

目 录

第 1 章　绪论

1.1　基本概念和定义

1. 调查:常常用于描述通过观察、访谈和问卷等方法收集特定目标的数据或信息,并进行汇总和分析的过程。

2. 全面调查:全面调查是对被调查对象总体中的全部单元进行调查。普查是全面调查的一种形式。

3. 非全面调查:对总体中少数而不是全部的单元进行调查。非全面调查包括两种抽样方式,概率抽样和非概率抽样。

4. 概率抽样:事前确定每个单元被抽中的概率,再按照给定的概率进行抽样。当把概率抽样方法应用于同一具体总体时,能够被抽取的所有可能的样本都事前能够确定;并且每个样本都有已知的并且大于零的被抽中概率;这个概率等于用概率抽样方法随机抽取到该样本的概率。

5. 非概率抽样:不满足概率抽样的要求,常常是有意抽取具有某种特征单元的抽样方法。主要的非概率抽样有目的抽样、方便选样、定额抽样。

6. 目的抽样:也称为判断抽样,是调查组织者根据对调查目标的了解,挑选标志值较"适中"的单元,对总体进行估计。

7. 方便选样:采用某种方便方式从调查总体中选择单元。

8. 定额抽样:把单元按照类型分成若干组,从每组中用方便选样方式抽取一定数量的单元。

9. 描述性调查和分析性调查:描述性调查的目的是为了获取调查总体的某些信息;分析性调查是为了对总体内不同类的个体进行比较,以便发现它们之间的差异,分析或检验产生这些差异的原因。描述性调查和分析性调查之间没有明显区分,很多抽样调查都能达到这两个目的。

10. 抽样误差和非抽样误差:抽样误差是由于利用部分单元的数据推断总体数量特征所引起的误差。抽样误差是随机的,不是错误。除了抽样误差之外,抽样调查的其他因素造成的误差属于非抽样误差。理论上,非抽样误差是可以避免的。

非抽样误差分为三类,与抽样框有关的误差、调查数据无回答的误差、测量和记录观测数据的计量误差。与抽样框有关的误差主要是指抽样框所描述的总体与所研究的总体不一致。调查数据无回答的误差是指单元数据缺失所造成的误差。测量和记录观测数据的计量误差是指总体单位计量不准确所造成的误差。

11. 总体:是由某一统计调查任务所规定的,在时间、空间及若干其他标志上具有共同性质的客观存在的全部(有限个)单元(个体)组成的整体,即总体是单元的集合。总体是随机抽取的全部可能结果,即总体中每个单元的标志值,总体是标志值的集合。

12. 基本单元和群单元:基本单元也称总体基本单元、个体,是与总体相对应的概念。基本单元是总体中承担调查标志的个体。由基本单元组成的集合叫群单元。

13. 抽样单元:是实施抽样的单元。抽样单元可能是基本单元,也可能是群单元。

14. 个体抽样和整群抽样:在抽样实践中,以基本单元为抽样单元的抽样称为个体抽样;以群单元为抽样单元的抽样则称为整群抽样。

15. 抽样框:是全部抽样单元的完整列表,包括编号和对应的抽样单元名称。在抽样框中,编号与抽样单元一一对应。同一编号在抽样框中只能出现一次,不能出现多次,即同一编号不能对应两个及两个以上不同的抽样单元。

16. 目标总体和被抽样总体:目标总体是作为调查目标的总体。被抽样总体,也称作业总体,是抽样框所描述的总体。

17. 有限总体:是包含有限数量的基本单元。抽样调查的总体是有限总体,包含有限数量的基本单元。总体是由确定的统计调查任务规定的,在时间、空间及若干其他标志上具有共同性质的全部客观存在的有限数量的基本单元的全体。

18. 有限总体概率抽样:从有限总体中抽取单元,总体的每个单元都可能被抽取,并且每个单元都有确定的,大于零的被抽取概率。

19. 样本:从总体中用某种抽样方法抽取的 n 个抽样单元。n 称为样本量,也称为样本容量、样本单元数。样本的抽样单元也叫样本单元。

20. 样本统计量:简称为统计量,是样本的函数,但不包含未知参数。不同的样本函数为不同的样本统计量。

21. 估计:对随机抽取的样本单元进行现场调查,获得样本观察值,按照估计量的计算公式,计算估计量的观察值,并作为总体标志的估计值,这个过程称为估计。估计总体标志的统计量为估计量。估计结果的常用评价标准有无偏性、有效性和最小均方误差。

22. 偏差、有偏估计量和无偏估计量：假设估计量的数学期望存在，偏差为估计量的期望与总体标志真值的差值。总体标志真值用 θ 表示，估计量用 $\hat{\theta}$ 表示。估计量的偏差为 $B(\hat{\theta})=|E(\hat{\theta})-\theta|$ 。如果 $E(\hat{\theta})\neq\theta$，即估计量 $\hat{\theta}$ 的期望不等于总体标志真值 θ，则 $B(\hat{\theta})\neq 0$，$\hat{\theta}$ 称为总体标志 θ 的有偏估计量。如果 $E(\hat{\theta})=\theta$，即估计量 $\hat{\theta}$ 的期望等于总体标志 θ 真值，则 $B(\hat{\theta})=0$，$\hat{\theta}$ 称为总体标志 θ 的无偏估计量。

23. 均方误差：估计量 $\hat{\theta}$ 的均方误差为 $MSE(\hat{\theta})=E(\hat{\theta}-\theta)^2$。均方误差的平方根 $\sqrt{MSE(\hat{\theta})}$ 称为标准误。均方误差包括两部分，估计量 $\hat{\theta}$ 的方差 $E[\hat{\theta}-E(\hat{\theta})]^2$；估计量 $\hat{\theta}$ 的偏差平方 $[E(\hat{\theta})-\theta]^2$。估计量的均方误差是估计量的方差和偏差的综合评价。

24. 点估计：就是构造一个适当的统计量 $\hat{\theta}(y_1,\cdots,y_n)$，用统计量的观察值估计总体标志 θ。这里称 $\hat{\theta}(y_1,\cdots,y_n)$ 为 θ 的估计量，称 $\hat{\theta}(y_1,\cdots,y_n)$ 的观察值为总体参数 θ 的估计值。在不致混淆的情况下，统称估计量 $\hat{\theta}(y_1,\cdots,y_n)$ 和估计值为总体参数的估计，并简记为 $\hat{\theta}$。

25. 区间估计和置信区间：对于总体标志 θ，区间估计是选用两个样本统计量 $\hat{\theta}_1(y_1,\cdots,y_n)$ 和 $\hat{\theta}_2(y_1,\cdots,y_n)$，满足

$$P(\hat{\theta}_1(y_1,\cdots,y_n)<\theta<\hat{\theta}_2(y_1,\cdots,y_n))=1-\alpha$$

则区间 $(\hat{\theta}_1(y_1,\cdots,y_n),\hat{\theta}_2(y_1,\cdots,y_n))$ 称为总体标志 θ 在置信概率 $1-\alpha$ 下的置信区间。置信区间包含总体标志的概率 $1-\alpha$ 称为置信概率，或置信度。区间上限 $\hat{\theta}_2(y_1,\cdots,y_n)$ 称为在置信概率 $1-\alpha$ 下置信区间的置信上限，区间下限 $\hat{\theta}_1(y_1,\cdots,y_n)$ 称为在置信概率 $1-\alpha$ 下置信区间的置信下限。置信区间的统计解释是，对总体重复进行概率抽样，每次抽取的样本量都是 n，利用抽取的样本构造区间 $(\hat{\theta}_1(y_1,\cdots,y_n),\hat{\theta}_2(y_1,\cdots,y_n))$，这样的每个区间要么包含总体标志 θ，要么不包含总体标志 θ。在这些区间中，包含总体标志 θ 的区间个数占所构造的区间总数的比例约为 $100(1-\alpha)\%$，不包含总体标志 θ 的区间个数占所构造的区间总数的比例约占 $100\alpha\%$。

1.2 常用的总体标志和样本统计量

简单随机抽样中的符号说明：总体单元总数记为 N，N 个单元的标志值依次为 $y_1,y_2,\cdots,y_N$。按照某个变量，把 N 个基本单元分为两类，分别为 C 类和 C' 类，记属于 C 类的单元个数为 A，属于 C' 类的单元个数为 A'，$A+A'=N$。样

本单元数记为 n ,n 个单元的标志值依次为 $y_1,y_2,\cdots,y_n$ 。按照某个变量,把 n 个样本单元分为两类,分别为 C 类和 C' 类,记属于 C 类的单元个数为 a ,属于 C' 类的单元个数为 a' ,$a+a'=n$ 。

1. 总体总值,用 Y 表示,$Y=\sum_{i=1}^{N}y_i$

2. 总体均值,用 $\bar{Y}$ 表示,$\bar{Y}=Y/N$

3. 总体比例,用 P 表示,$P=A/N$

4. 总体比率,用 R 表示,

$$R=\frac{Y}{X}=\frac{\sum_{i=1}^{N}y_i}{\sum_{i=1}^{N}x_i}$$

其中,总体 N 个基本单元的成对标志值分别记为 $(y_1,x_1),\cdots,(y_N,x_N)$,比率分别记为 $r_1=y_1/x_1,\cdots,r_N=y_N/x_N$,$X=\sum_{i=1}^{N}x_i$ 为总体总值。

5. 总体方差,用 S^2 表示,

$$S^2=\frac{1}{N-1}\sum_{i=1}^{N}(y_i-\bar{Y})^2$$

6. 样本总值,用 y 表示,$y=\sum_{i=1}^{n}y_i$

7. 样本均值,用 $\bar{y}$ 表示,$\bar{y}=y/n=\left(\sum_{i=1}^{n}y_i\right)/n$

8. 样本比例,用 p 表示,$p=a/n$

9. 样本比率,用 r 表示,

$$r=\frac{y}{x}=\frac{\sum_{i=1}^{n}y_i}{\sum_{i=1}^{n}x_i}$$

其中,样本中 n 个基本单元的成对标志值分别记为 $(y_1,x_1),\cdots,(y_n,x_n)$,比率分别记为 $r_1=y_1/x_1,\cdots,r_n=y_n/x_n$,$x=\sum_{i=1}^{n}x_i$ 为样本总值。

10. 样本方差,用 s^2 表示,

$$s^2=\frac{1}{n-1}\sum_{i=1}^{n}(y_i-\bar{y})^2$$

1.3 习题解答

1. 假设总体包含 5 个单元,单元的标志值依次为 5.5、4.6、4.8、5.2、4.9。试计算总体总值、总体均值和总体方差。从总体中等概率无放回抽取 3 个单元作为

样本,给出所有可能样本,计算样本均值、样本方差。计算样本均值的期望和方差,以及样本方差的期望,并与总体均值和总体方差比较。

证明:由题目可知,总体单元数 $N=5$,单元的标志值分别为 $y_1=5.5$,$y_2=4.6$,$y_3=4.8$,$y_4=5.2$,$y_5=4.9$,可以计算

总体总值为

$$Y=\sum_{i=1}^{N} y_i$$
$$=5.5+4.6+4.8+5.2+4.9=25.0$$

总体均值为

$$\bar{Y}=\frac{1}{N}\sum_{i=1}^{N} y_i$$
$$=\frac{5.5+4.6+4.8+5.2+4.9}{5}=5.0$$

总体方差为

$$S^2=\frac{1}{N-1}\sum_{i=1}^{N}(y_i-\bar{Y})^2=0.125$$

样本量 $n=3$,所有可能的样本共计 10 个,见表 1.1 的第 2 列。

样本均值的公式为

$$\bar{y}=\frac{1}{n}\sum_{i=1}^{n} y_i$$

样本方差的公式为

$$s^2=\frac{1}{n-1}\sum_{i=1}^{n}(y_i-\bar{y})^2$$

样本均值和样本方差的计算结果见表 1.1 的第 3 和 4 列。每个样本出现的概率见表 1.1 的第 5 列。

表 1.1 习题 1 的所有样本

序号	样本	样本均值	样本方差	概率
1	(5.5,4.6,4.8)	4.9667	0.2233	0.1
2	(5.5,4.6,5.2)	5.1000	0.2100	0.1
3	(5.5,4.6,4.9)	5.0000	0.2100	0.1
4	(5.5,4.8,5.2)	5.1667	0.1233	0.1
5	(5.5,4.8,4.9)	5.0667	0.1433	0.1

续表

序号	样本	样本均值	样本方差	概率
6	(5.5,5.2,4.9)	5.2000	0.0900	0.1
7	(4.6,4.8,5.2)	4.8667	0.0933	0.1
8	(4.6,4.8,4.9)	4.7667	0.0233	0.1
9	(4.6,5.2,4.9)	4.9000	0.0900	0.1
10	(4.8,5.2,4.9)	4.9667	0.0433	0.1

样本均值的期望为

$$E(\bar{y})=\frac{1}{10}\sum_{k=1}^{10}\bar{y}_k=5.0000$$

每个可能样本的均值并不总是等于总体均值,样本均值的期望等于总体均值。

$$E(s^2)=\frac{1}{10}\sum_{k=1}^{10}s_k^2=0.1250$$

每个可能样本的方差并不总是等于总体方差,样本方差的期望等于总体方差。

样本均值的方差为

$$V(\bar{y})=\frac{1}{10}\sum_{k=1}^{10}[\bar{y}_k-E(\bar{y})]^2=0.0185$$

样本均值的方差不等于总体方差,并不一定等于某个可能样本的方差。总体方差、样本方差、样本均值的方差是三个不同的概念。

R 语言代码:

```
N=5;
n=3;
yi=c(5.5,4.6,4.8,5.2,4.9);
#总体总值为
Y=sum(yi);
#总体均值为
Ymean=Y/N;
#总体方差为
S2=sum((yi-Ymean)^2)/(N-1);
#所有 10 个可能的样本序号为
yNo=array(c(1,2,3,1,2,4,1,2,5,1,3,4,1,3,5,1,4,5,2,3,4,2,3,5,2,4,
```

```
    5,3,4,5),dim=c(3,10));
#所有10个可能的样本
ysam=array(yi[yNo[,]],dim=c(3,10));
#所有10个可能的样本均值
yimean=rep(0,10);
#所有10个可能的样本方差
syi2=rep(0,10);
for(loop in c(1:10) )
{yimean[loop]=round(mean(ysam[,loop]),4);
syi2[loop]=round(var(ysam[,loop]),4)}
#所有10个可能的样本均值的期望
ymean=round(mean(yimean),4);
#所有10个可能的样本方差的期望
sy2=round(mean(syi2),4);
#所有10个可能的样本均值的方差
ymeanvar=round(var(yimean),4);
```

2. 假设总体包含5个单元,其中第1,3,4单元属于C类,第2,5单元属于C'类。试计算C类单位总数、总体比例和总体方差。从总体中等概率无放回抽取3个单元作为样本,给出所有可能样本,计算样本比例、样本方差。计算样本比例的期望和方差,以及样本方差的期望,并与总体比例和总体方差比较。

证明:由题目可知,总体单元数$N=5$。令属于C类的单元标志值为1。则单元的标志值分别为$y_1=1, y_2=0, y_3=1, y_4=1, y_5=0$,可以计算

C类单位总数为

$$A=\sum_{i=1}^{N} y_i$$

$$=1+0+1+1+0=3$$

总体比例为

$$P=\frac{A}{N}$$

$$=\frac{3}{5}=0.6$$

总体方差为

$$S^2=\frac{NP(1-P)}{N-1}=0.3$$

样本量 $n=3$,所有可能的样本共计 10 个,见表 1.2 的第 2 列。

样本比例的公式为

$$p=\frac{1}{n}\sum_{i=1}^{n}y_i$$

样本方差的公式为

$$s^2=\frac{np(1-p)}{n-1}$$

样本均值和样本方差的计算结果见表 1.2 的第 3 和 4 列。每个样本出现的概率见表 1.2 的第 5 列。

表 1.2　习题 2 的所有样本

序号	样本	样本比例	样本方差	概率
1	(1,0,1)	0.6667	0.3333	0.1
2	(1,0,1)	0.6667	0.3333	0.1
3	(1,0,0)	0.3333	0.3333	0.1
4	(1,1,1)	1.0000	0.0000	0.1
5	(1,1,0)	0.6667	0.3333	0.1
6	(1,1,0)	0.6667	0.3333	0.1
7	(0,1,1)	0.6667	0.3333	0.1
8	(0,1,0)	0.3333	0.3333	0.1
9	(0,1,0)	0.3333	0.3333	0.1
10	(1,1,0)	0.6667	0.3333	0.1

样本比例的期望为

$$E(p)=\frac{1}{10}\sum\nolimits_{k=1}^{10}p_k=0.6$$

每个可能样本的比例并不总是等于总体比例,样本比例的期望等于总体比例。

$$E(s^2)=\frac{1}{10}\sum\nolimits_{k=1}^{10}s_k^2=0.3$$

每个可能样本的方差并不总是等于总体方差,样本方差的期望等于总体方差。

样本比例的方差为

$$V(p)=\frac{1}{10}\sum_{k=1}^{10}\left[p_k-E(p)\right]^2=0.0445$$

样本比例的方差不等于总体方差，并不一定等于某个可能样本的方差。总体方差、样本方差、样本比例的方差是三个不同的概念。

R 语言代码：

```
N=5;
n=3;
yi=c(1,0,1,1,0);
#总体总值为
A=sum(yi);
#总体比例为
P=A/N;
#总体方差为
S2=N*P*(1-P)/(N-1);
#所有10个可能的样本序号为
yNo=array(c(1,2,3,1,2,4,1,2,5,1,3,4,1,3,5,1,4,5,2,3,4,2,3,5,2,4,
    5,3,4,5),dim=c(3,10));
#所有10个可能的样本
ysam=array(yi[yNo[,]],dim=c(3,10));
#所有10个可能的样本比例
pimean=rep(0,10);
#所有10个可能的样本方差
spi2=rep(0,10);
for(loop in c(1:10) )
{pimean[loop]=round(mean(ysam[,loop]),4);
spi2[loop]=round(var(ysam[,loop]),4);}
#所有10个可能的样本比例的期望
pmean=round(mean(pimean),4);
#所有10个可能的样本方差的期望
sp2=round(mean(spi2),4);
#所有10个可能的样本比例的方差
```

```
pvar=round(var(pimean),4);
```

3. 假设总体包含 5 个单元,观测值分别为(5.5, 2.8),(4.6,2.3),(4.8,2.4),(5.2,2.6),(4.9,2.4)。试计算总体比率。从总体中等概率无放回抽取 3 个单元作为样本,给出所有可能样本,计算样本比率以及样本比率的期望和方差。

证明:由题目可知,总体单元数 $N=5$,单元的标志值分别为 $y_1=5.5, y_2=4.6, y_3=4.8, y_4=5.2, y_5=4.9, x_1=2.8, x_2=2.3, x_3=2.4, x_4=2.6, x_5=2.4$。可以计算

总体总值为

$$Y=\sum_{i=1}^{N} y_i=25$$

$$X=\sum_{i=1}^{N} x_i=12.5$$

总体比率为

$$R=\frac{Y}{X}=\frac{25}{12.5}=2$$

样本量 $n=3$,所有可能的样本共计 10 个,见表 1.3 的第 2 列。样本比率的公式为

$$r=\frac{\sum_{i=1}^{n} y_i}{\sum_{i=1}^{n} x_i}$$

样本比率的计算结果见表 1.3 的第 3 列。样本出现的概率见表 1.3 的第 4 列。

表 1.3 习题 3 的所有样本

序号	样本	样本比率	概率
1	(5.5,2.8),(4.6,2.3),(4.8,2.4)	1.9867	0.1
2	(5.5,2.8),(4.6,2.3),(5.2,2.6)	1.9870	0.1
3	(5.5,2.8),(4.6,2.3),(4.9,2.4)	2.0000	0.1
4	(5.5,2.8),(4.8,2.4),(5.2,2.6)	1.9872	0.1
5	(5.5,2.8),(4.8,2.4),(4.9,2.4)	2.0000	0.1
6	(5.5,2.8),(5.2,2.6),(4.9,2.4)	2.0000	0.1

续表

序号	样本	样本比率	概率
7	(4.6,2.3),(4.8,2.4),(5.2,2.6)	2.0000	0.1
8	(4.6,2.3),(4.8,2.4),(4.9,2.4)	2.0141	0.1
9	(4.6,2.3),(5.2,2.6),(4.9,2.4)	2.0137	0.1
10	(4.8,2.4),(5.2,2.6),(4.9,2.4)	2.0135	0.1

样本比率的期望为

$$E(r)=\frac{1}{10}\sum_{k=1}^{10} r_k =2.0002$$

每个可能样本的比率并不总是等于总体比率，样本比率的期望不等于总体比率。样本比率的这个性质完全不同于样本均值和样本比例。

样本比率的方差为

$$V(r)=\frac{1}{10}\sum_{k=1}^{10} [r_k - E(r)]^2 = 0.00012$$

R 语言代码：

```
N=5;
n=3;
yi=c(5.5,4.6,4.8,5.2,4.9);
xi=c(2.8,2.3,2.4,2.6,2.4);
#总体总值为
Y=sum(yi);
X=sum(xi);
#总体比率为
R=round(Y/X);
#所有10个可能的样本序号为
yNo=array(c(1,2,3,1,2,4,1,2,5,1,3,4,1,3,5,1,4,5,2,3,4,2,3,5,2,4,
     5,3,4,5),dim=c(3,10));
#所有10个可能的样本
ysam=array(yi[yNo[,]],dim=c(3,10));
xsam=array(xi[yNo[,]],dim=c(3,10));
#所有10个可能的样本均值
rimean=rep(0,10);
```

```
for(loop in c(1:10) )
{rimean[loop]=round(sum(ysam[,loop])/sum(xsam[,loop]),4);}
#所有 10 个可能的样本比率的期望
rmean=round(mean(rimean),4);
#所有 10 个可能的样本比率的方差
rvar=round(var(rimean),5);
```

第 2 章　简单随机抽样

2.1　简单随机抽样的基本概念和定义

1. 放回抽样:每抽出一个单元,先将其放回总体,再抽取下一个单元,这样的抽样称为放回抽样。

2. 不放回抽样:每抽出一个单元,不将其放回总体,直接抽取下一个单元,这样的抽样称为不放回抽样。

3. 简单随机抽样:先制定抽样框,再采用不放回方式从抽样框中抽取单元;抽取方法必须保证抽样框中未被抽中的单元被抽中的概率相等;抽取 n 次,n 个被抽中的单元构成样本。这样的抽样过程称为简单随机抽样。对于简单随机抽样,所有可能样本被抽中的概率相等。

4. 随机数:随机试验的结果。随机数产生方法也被称为随机数发生器。在实际应用中,更多的是选用伪随机数。伪随机数利用数学模型产生,具有较好的随机性。

5. 随机数表法:随机数表是由数字 0,1,2,…,9 所组成的数字表,数字在表上的排列顺序是随机的,每个数字在表中出现的频率近似相等。

6. 总体总值和总体均值:记总体的单元总数为 N,N 个总体单元的标志值依次为 $y_1, y_2, \cdots, y_N$,总体总值为 $Y = \sum_{i=1}^{N} y_i$,总体均值为 $\bar{Y} = \sum_{i=1}^{N} y_i / N$ 。

7. 样本总值和样本均值:记 n 为样本容量,n 个样本单元的标志值依次为 y_1,$y_2, \cdots, y_n$,样本总值为 $y = \sum_{i=1}^{n} y_i$,样本均值为 $\bar{y} = \sum_{i=1}^{n} y_i / n$ 。

8. C 类单元总数与总体比例:把总体单元分成两类,分别为 C 类和 C' 类,属于 C 类的单元总数记为 A ,总体比例 P 为 C 类单元总数与总体单元总数之比,$P = A/N$ 。

9. 样本的 C 类单元数与样本比例:把样本单元也分成两类,分别为 C 类和 C' 类,属于 C 类的样本单元数记为 a ,样本比例 p 为 C 类单元总数 a 与样本单元总数之比,$p = a/n$ 。

10. 扩充因子或称膨胀因子:是总体单元总数与样本单元总数之比,即 N/n 。

11. 抽样比:是样本单元总数与总体单元总数之比,记为 f ,即 $f=n/N$ 。

12. 有限总体校正系数:等于 1 减去抽样比,即 $1-n/N$ 。

13. 估计量的方差和标准差:估计量 $\hat{\theta}$ 的方差为 $V(\hat{\theta})=E[(\hat{\theta}-E(\hat{\theta}))^2]$,估计量 $\hat{\theta}$ 的标准差为其方差的平方根,即标准差为 $\sqrt{V(\hat{\theta})}$ 。方差和标准差都表示估计量观察值的离散程度。

14. 估计量的绝对误差范围和置信概率:估计量 $\hat{\theta}$ 的绝对误差范围和置信概率分别用 $d(\hat{\theta})$ 和 $1-\alpha$ 表示。估计量与真值的绝对误差不超过 $d(\hat{\theta})$ 的置信概率为 $1-\alpha$,是指估计量 $\hat{\theta}$ 的绝对误差范围 $d(\hat{\theta})$ 和置信概率 $1-\alpha$ 满足下面关系:

$$P(|\hat{\theta}-\theta|\leqslant d(\hat{\theta}))\geqslant 1-\alpha$$

15. 估计量的相对误差范围和置信概率:估计量 $\hat{\theta}$ 的相对误差范围和置信概率分别用 $r(\hat{\theta})$ 和 $1-\alpha$ 表示,估计值与真实值的相对误差不超过 $r(\theta)$ 的概率为 $1-\alpha$,是指估计量 $\hat{\theta}$ 的相对误差范围 $r(\hat{\theta})$ 和置信概率 $1-\alpha$ 满足下面的关系:

$$P(|\hat{\theta}-\theta|/\theta\leqslant r(\hat{\theta}))\geqslant 1-\alpha$$

16. 估计量的变异系数:变异系数为估计量的标准差和均值之比,即变异系数 $C_{\hat{\theta}}=\sqrt{V(\hat{\theta})}/E(\hat{\theta})$,反映了估计量观察值相对于均值的离散程度。

17. j 子总体:在很多调查中,所有的总体单元被划分为若干集合,把其中的第 j 个集合称为第 j 个子总体(或 j 子总体),或称为第 j 个研究域(简称 j 研究域)。j 子总体的单元 k 的标志值记为 $y_{(j)k}$,j 子总体的单元总数记为 $N_{(j)}$,j 子总体均值记为 $\bar{Y}_{(j)}$,则

$$\bar{Y}_{(j)}=\frac{\sum_{k=1}^{N(j)}y_{(j)k}}{N_{(j)}}$$

j 子总体的样本容量记为 $n_{(j)}$,j 子总体的样本均值记为 $\bar{y}_{(j)}$,则

$$\bar{y}_{(j)}=\frac{\sum_{k=1}^{n(j)}y_{(j)k}}{n_{(j)}}$$

2.2 简单随机抽样的估计量

简单随机抽样中的符号说明:总体单元总数记为 N ,N 个单元的标志值依次为 $y_1,y_2,\cdots,y_N$,总体总值记为 Y ,总体均值记为 $\bar{Y}$,总体方差记为 S^2,$S^2=\sum_{i=1}^{N}(y_i-\bar{Y})^2/(N-1)$ 。把总体单元分为两类,分别记为 C 类和 C' 类,属于 C

类单元总数记为A,C类单元总数的比例记为P。容量为n的样本为$y_1, y_2, \cdots, y_n$,样本总值记为y,样本均值记为$\bar{y}$,样本方差记为s^2, $s^2=\sum_{i=1}^{n}(y_i-\bar{y})^2/(n-1)$。样本也分成两类,分别为$C$类和$C'$类,记属于$C$类的样本单元数记为$a$,样本比例记为$p$。置信概率记为$1-\alpha$,标准正态分布概率为$\alpha/2$对应的上分位数记为$Z_{\alpha/2}$。

1. 总体均值的估计

总体均值估计量

$$\hat{\bar{Y}}=\bar{y}=\frac{1}{n}\sum_{i=1}^{n}y_i$$

总体均值估计量的方差

$$V(\hat{\bar{Y}})=\frac{S^2}{n}\left(1-\frac{n}{N}\right)$$

总体均值估计量的方差估计

$$v(\hat{\bar{Y}})=\frac{s^2}{n}\left(1-\frac{n}{N}\right)$$

总体均值的置信区间

$$\left(\bar{y}-Z_{\alpha/2}\sqrt{v(\hat{\bar{Y}})}, \bar{y}+Z_{\alpha/2}\sqrt{v(\hat{\bar{Y}})}\right)$$

总体均值估计量$\hat{\bar{Y}}$及其方差估计$v(\hat{\bar{Y}})$都是无偏估计量。

2. 总体总值的估计

总体总值估计量

$$\hat{Y}=N\bar{y}=\frac{N}{n}\sum_{i=1}^{n}y_i$$

总体总值估计量的方差

$$V(\hat{Y})=\frac{N^2S^2}{n}\left(1-\frac{n}{N}\right)$$

总体总值估计量的方差估计

$$v(\hat{Y})=\frac{N^2s^2}{n}\left(1-\frac{n}{N}\right)$$

总体总值的置信区间

$$\left(N\bar{y}-Z_{\alpha/2}\sqrt{v(\hat{Y})}, N\bar{y}+Z_{\alpha/2}\sqrt{v(\hat{Y})}\right)$$

总体总值估计量$\hat{Y}$及其方差估计$v(\hat{Y})$都是无偏估计量。

3. 总体比例的估计

为了估计总体比例,设定总体单元 $y_1,\cdots,y_N$ 的标志值为

$$y_i=\begin{cases}1, y_i\in C\\0, y_i\notin C\end{cases}$$

C 类单元总数、总体比例和总体方差可以用标志值 $y_1,\cdots,y_N$ 表示。样本的 C 类单元数、样本比例和样本方差也可以采用同样方法得到,计算公式见表 2.1。

表 2.1 总体和样本的 C 类单元数、比例和方差

	总体	样本
C 类单元数	$A=\sum_{i=1}^{N}y_i=Y$	$a=\sum_{i=1}^{n}y_i=y$
比例	$P=\frac{A}{N}=\bar{Y}$	$p=\frac{a}{n}=\bar{y}$
方差	$S^2=\frac{NP(1-P)}{N-1}$	$s^2=\frac{np(1-p)}{n-1}$

总体比例估计量

$$\hat{P}=p=a/n$$

总体比例估计量的方差

$$V(\hat{P})=\frac{(1-f)}{n}\left[\frac{NP(1-P)}{N-1}\right]$$

总体比例估计量的方差估计

$$v(\hat{P})=\frac{(1-f)}{n}\left[\frac{np(1-p)}{n-1}\right]$$

总体比例的置信区间

$$\left(p-\left[Z_{\alpha/2}\sqrt{v(\hat{P})}+\frac{1}{2n}\right], p+\left[Z_{\alpha/2}\sqrt{v(\hat{P})}+\frac{1}{2n}\right]\right)$$

总体比例估计量 $\hat{P}$ 及其方差估计 $v(\hat{P})$ 都是无偏估计量。

4. C 类单元总数的估计

C 类单元总数估计量

$$\hat{A}=N\hat{P}=\frac{Na}{n}$$

C 类单元总数估计量的方差

$$V(\hat{A})=\frac{N^2(1-f)}{n}\left[\frac{NP(1-P)}{N-1}\right]$$

C 类单元总数估计量的方差估计

$$v(\hat{A})=\frac{N^2(1-f)}{n}\left[\frac{np(1-p)}{n-1}\right]$$

C 类单元总数的置信区间

$$\left(Np-\left[Z_{\alpha/2}\sqrt{v(\hat{A})}+\frac{N}{2n}\right],Np+\left[Z_{\alpha/2}\sqrt{v(\hat{A})}+\frac{N}{2n}\right]\right)$$

C 类单元总数估计量 $\hat{A}$ 及其方差估计 $v(\hat{A})$ 都是无偏估计量。

5. j 子总体均值的估计

j 子总体均值估计量

$$\hat{\bar{Y}}_{(j)}=\bar{y}_{(j)}=\frac{1}{n_{(j)}}\sum_{k=1}^{n(j)}y_{(j)k}$$

j 子总体均值估计量的方差

$$V(\hat{\bar{Y}}_{(j)})=\frac{S_{(j)}^2}{n_{(j)}}\left(1-\frac{n_{(j)}}{N_{(j)}}\right)$$

j 子总体均值估计量的方差估计

$$v(\hat{\bar{Y}}_{(j)})=\frac{s_{(j)}^2}{n_{(j)}}\left(1-\frac{n_{(j)}}{N_{(j)}}\right)$$

其中，$n_{(j)}$ 为子总体的样本容量，样本方差为 $s_{(j)}^2=\left[\sum_{k=1}^{n(j)}(y_{(j)k}-\bar{y}_{(j)})^2\right]/(n_{(j)}-1)$。

j 子总体均值估计量 $\hat{\bar{Y}}_{(j)}$ 及其方差估计 $v(\hat{\bar{Y}}_{(j)})$ 都是无偏估计量。

6. j 子总体总值的估计，在 j 子总体单元数 $N_{(j)}$ 已知的情况下

j 子总体总值的估计量

$$\hat{Y}_{(j)}=N_{(j)}\bar{y}_{(j)}=\frac{N_{(j)}}{n_{(j)}}\sum_{k=1}^{n(j)}y_{(j)k}$$

j 子总体总值估计量的方差

$$V(\hat{Y}_{(j)})=\frac{N_{(j)}^2S_{(j)}^2}{n_{(j)}}\left(1-\frac{n_{(j)}}{N_{(j)}}\right)$$

j 子总体总值估计量的方差估计

$$v(\hat{Y}_{(j)})=\frac{N_{(j)}^2s_{(j)}^2}{n_{(j)}}\left(1-\frac{n_{(j)}}{N_{(j)}}\right)$$

j 子总体总值估计量 $\hat{Y}_{(j)}$ 及其方差估计 $v(\hat{Y}_{(j)})$ 都是无偏估计量。

7. j 子总体总值的估计,在 j 子总体单元数 $N_{(j)}$ 未知的情况下

j 子总体总值的估计量

$$\hat{Y}_{(j)}=N\bar{y}'=\frac{N}{n}\sum_{k=1}^{n}y_i'$$

j 子总体总值估计量的方差

$$V(\hat{Y}_{(j)})=\frac{N^2S'^2}{n}\left(1-\frac{n}{N}\right)$$

j 子总体总值估计量的方差估计

$$v(\hat{Y}_{(j)})=\frac{N^2s'^2}{n}\left(1-\frac{n}{N}\right)$$

其中,$y_i'=\begin{cases}y_i, & y_i\text{ 属于 } j \text{ 子总体}\\ 0, & \text{否则}\end{cases}$

$$\bar{Y}=\sum\nolimits_{i=1}^{N}y_i'/N,S'^2=\sum\nolimits_{i=1}^{N}(y_i'-\bar{Y})^2/(N-1)$$

$$\bar{y}'=\sum\nolimits_{i=1}^{n}y_i'/n,s'^2=\sum\nolimits_{i=1}^{n}(y_i'-\bar{y}')^2/(n-1)$$

j 子总体总值估计量 $\hat{Y}_{(j)}$ 及其方差估计 $v(\hat{Y}_{(j)})$ 都是无偏估计量。

8. j 子总体比例的估计

j 子总体比例的估计量

$$\hat{P}_{(j)}=p_{(j)}=\frac{a_{(j)}}{n_{(j)}}=\frac{1}{n_{(j)}}\sum_{i=1}^{n_{(j)}}y_{(j)i}$$

j 子总体比例估计量的方差

$$V(\hat{P})=\frac{(1-n_{(j)}/N_{(j)})}{n_{(j)}}\left[\frac{N_{(j)}P_{(j)}(1-P_{(j)})}{N_{(j)}-1}\right]$$

j 子总体比例估计量的方差估计

$$v(\hat{P})=\frac{(1-n_{(j)}/N_{(j)})}{n_{(j)}}\left[\frac{n_{(j)}p_{(j)}(1-p_{(j)})}{n_{(j)}-1}\right]$$

j 子总体比例估计量 $\hat{P}_{(j)}$ 及其方差估计 $v(\hat{P}_{(j)})$ 都是无偏估计量。

9. j 子总体 C 类单元总数的估计,在 j 子总体单元数 $N_{(j)}$ 已知的情况下

j 子总体 C 类单元总数的估计量

$$\hat{A}_{(j)}=N_{(j)}p_{(j)}=\frac{N_{(j)}}{n_{(j)}}\sum_{i=1}^{n_{(j)}}y_{(j)i}$$

j 子总体 C 类单元总数估计量的方差

$$V(\hat{A}_{(j)})=\frac{N_{(j)}^2(1-n_{(j)}/N_{(j)})}{n_{(j)}}\left[\frac{N_{(j)}P_{(j)}(1-P_{(j)})}{N_{(j)}-1}\right]$$

j 子总体 C 类单元数估计量的方差估计

$$v(\hat{A}_{(j)})=\frac{N_{(j)}^2(1-n_{(j)}/N_{(j)})}{n_{(j)}}\left[\frac{n_{(j)}p_{(j)}(1-p_{(j)})}{n_{(j)}-1}\right]$$

j 子总体 C 类单元总数估计量 $\hat{A}_{(j)}$ 及其方差估计 $v(\hat{A}_{(j)})$ 都是无偏估计量。

10. j 子总体 C 类单元总数的估计，在 j 子总体单元数 $N_{(j)}$ 未知的情况下

j 子总体 C 类单元总数的估计量

$$\hat{A}_{(j)}=Np'=\frac{N}{n}\sum_{i=1}^{n}y_i'$$

j 子总体 C 类单元总数估计量的方差

$$V(\hat{A}_{(j)})=\frac{N^2(1-n/N)}{n}\left[\frac{NP'(1-P')}{N-1}\right]$$

j 子总体 C 类单元总数估计量的方差估计

$$v(\hat{A}_{(j)})=\frac{N^2(1-n/N)}{n}\left[\frac{np'(1-p')}{n-1}\right]$$

其中，$y_i'=\begin{cases}1, y_i\in C\\ 0, \text{否则}\end{cases}$

$$P'=\sum_{i=1}^{N}y_i'/N, S'^2=NP'(1-P')/(N-1), p'=\sum_{i=1}^{n}y_i'/n$$

j 子总体 C 类单元总数估计量 $\hat{A}_{(j)}$ 及其方差估计 $v(\hat{A}_{(j)})$ 都是无偏估计量。

2.3 简单随机抽样情形下的样本量确定

优良的抽样调查方案设计应该是调查精度与总调查费用之间的折中。给定总调查费用，满足费用要求的最大样本量使得调查结果的精度最高；给定调查精度，满足精度要求的最小样本量使得总调查费用最低。在实际抽样调查中，还要关注抽样调查方案的可操作性。

1. 为估计总体均值或总体总值而进行的简单随机抽样

在抽样比忽略不计，并且给定估计量 $\hat{\bar{Y}}$ 的方差界限为 $V_{\hat{\bar{Y}}}$ 的情况下，满足精度要求的样本量计算公式为

$$n_0=\left\lceil\frac{S^2}{V_{\hat{\bar{Y}}}}\right\rceil$$

其中,符号$\lceil x \rceil$表示向上取整,即为不小于 x 的最小整数。

在抽样比忽略不计,并且给定置信概率 $1-\alpha$ 和估计量 $\hat{\bar{Y}}$ 的绝对误差限为 $d_{\hat{\bar{Y}}}$ 的情况下,满足精度要求的样本量计算公式为

$$n_0 = \left\lceil \frac{Z_{\alpha/2}^2 S^2}{d_{\hat{\bar{Y}}}^2} \right\rceil$$

在抽样比忽略不计,并且给定置信概率 $1-\alpha$ 和估计量 $\hat{\bar{Y}}$ 的相对误差限为 $r_{\hat{\bar{Y}}}$ 的情况下,满足精度要求的样本量计算公式为

$$n_0 = \left\lceil \frac{Z_{\alpha/2}^2 S^2}{r_{\hat{\bar{Y}}}^2 \bar{Y}^2} \right\rceil$$

在抽样比忽略不计,并且给定估计量 $\hat{\bar{Y}}$ 的变异系数为 $C_{\hat{\bar{Y}}}$ 的情况下,满足精度要求的样本量计算公式为

$$n_0 = \left\lceil \frac{1}{C_{\hat{\bar{Y}}}^2} \left(\frac{S}{\bar{Y}} \right)^2 \right\rceil$$

在抽样比不可忽略不计的情况下,满足精度要求的样本量计算公式为

$$n' = \left\lceil \frac{n_0}{1 + n_0/N} \right\rceil$$

给定总体总值估计量 $\hat{Y}$ 的方差界限 $V_{\hat{Y}}$,可以转化为总体均值估计量 $\hat{\bar{Y}}$ 的方差界限 $V_{\hat{\bar{Y}}}$,再计算样本量。

2. 为估计总体比例和 C 类单元总数而进行的简单随机抽样

在抽样比可以忽略不计,并且给定估计量 $\hat{P}$ 的方差界限为 $V_{\hat{P}}$ 的情况下,满足精度要求的样本量计算公式为

$$n_0 = \left\lceil \frac{P(1-P)}{V_{\hat{P}}} \right\rceil$$

在抽样比可以忽略不计,并且给定置信概率 $1-\alpha$ 和估计量 $\hat{P}$ 的绝对误差界限为 $d_{\hat{P}}$ 的情况下,满足精度要求的样本量计算公式为

$$n_0 = \left\lceil \frac{Z_{\alpha/2}^2 P(1-P)}{d_{\hat{P}}^2} \right\rceil$$

在抽样比可以忽略不计,并且给定置信概率 $1-\alpha$ 和估计量 $\hat{P}$ 的相对误差界限

为 $r_{\hat{P}}$ 的情况下,满足精度要求的样本量计算公式为

$$n_0=\left\lceil\frac{Z_{\alpha/2}^2(1-P)}{r_{\hat{P}}^2 P}\right\rceil$$

在抽样比可以忽略不计,并且给定估计量 $\hat{P}$ 的变异系数为 $C_{\hat{P}}$ 的情况下,满足精度要求的样本量计算公式为

$$n_0=\left\lceil\frac{1-P}{C_{\hat{P}}^2 P}\right\rceil$$

在抽样比不可忽略不计的情况下,满足精度要求的样本量计算公式为

$$n'=\left\lceil\frac{n_0}{1+(n_0-1)/N}\right\rceil$$

给定总体 C 类单元总数估计量 $\hat{A}$ 的方差界限 $V_{\hat{A}}$,可以转化为总体比例估计量 $\hat{P}$ 的方差界限 $V_{\hat{P}}$,再计算样本量。

2.4　习题解答

1. 假设某总体含有 1600 个单元,将这些单元依次编号为 0001 到 1600,拟用简单随机抽样方式抽选 10 个单元,试给出抽样框,并叙述样本的抽选过程。

解:抽样框是全部单元的完整列表,包括编号和对应的抽样单元名称,编号与抽样单元一一对应。总体含有 1600 个单元的抽样框的编号与单元对应的表格,如表 2.2。

表 2.2　习题 1 的抽样框

编号	单元	备注
0001	单元 1	
0002	单元 2	
0003	单元 3	
0004	单元 4	
…	……	
1599	单元 1599	
1600	单元 1600	

简单随机抽样的过程为,先制定抽样框,再产生取值范围为0001至1600之间的等概率随机数,共计10个,不失一般性,记为 $i_1, i_2, \cdots, i_{10}$ 。则抽样框中编号为 $i_1, i_2, \cdots, i_{10}$ 的10个单元组成容量为10的样本。

2. 从90包袋装饼干中抽取12包饼干进行质量检测,试叙述如何采用简单随机抽样方法抽取样本?(用两种方法说明)

解:90包袋装饼干的抽样框是90包袋装饼干单元的完整列表,包括编号和对应的90包袋装饼干名称,编号与90包袋装饼干一一对应,表格如表2.3。

表 2.3 习题 2 的抽样框

编号	单元	备注
1	第1包袋装饼干	
2	第2包袋装饼干	
3	第3包袋装饼干	
4	第4包袋装饼干	
…	……	
89	第89包袋装饼干	
90	第90包袋装饼干	

采用简单随机抽样抽取样本的方法1:利用随机数表产生取值范围为1至90之间的等概率随机数,共计12个,不失一般性,记为 $i_1, i_2, \cdots, i_{12}$ 。则抽样框中编号为 $i_1, i_2, \cdots, i_{12}$ 的12个单元组成容量为12的简单随机样本。

采用简单随机抽样抽取样本的方法2:采用抽签法,先制作90张完全相同的卡片作为90个号签,在每个号签上写上数字1至90,每张号签只写一个数字,不同号签上的数字不同。把全部90个号签放入袋子中并充分混合,抽取者闭上眼睛,从袋中抽取12张,不失一般性,记为 $i_1, i_2, \cdots, i_{12}$ 。则抽样框中编号为 $i_1, i_2, \cdots, i_{12}$ 的12个单元组成容量为12的简单随机样本。

3. 从某中学的500名新生中采用简单随机抽样抽取了50名新生,分别测量他们的身高,测得的平均身高 $\bar{y}=154\text{cm}$,标准差 $s=5\text{cm}$,试求这500名新生平均身高在置信概率95%下的置信区间。

解: 由题可知,总体单元数 $N=500$,样本量 $n=50$,样本均值 $\bar{y}=154$,样本标准差 $s=5$,与 $1-\alpha=0.95$ 相对应的标准正态分布上分位数 $Z_{\alpha/2}=1.96$。于是,500

名新生平均身高的估计为

$$\hat{\bar{Y}}=\bar{y}=154$$

估计量 $\hat{\bar{Y}}$ 的方差估计为

$$v(\hat{\bar{Y}})=\frac{s^2}{n}\left(1-\frac{n}{N}\right)$$
$$=\frac{5^2}{50}\times\left(1-\frac{50}{500}\right)=0.45$$

标准差估计为

$$\sqrt{v(\hat{\bar{Y}})}=\sqrt{0.45}=0.67$$

500 名新生平均身高在置信概率 95%下置信区间的置信下限为

$$\bar{y}-Z_{\alpha/2}\sqrt{v(\hat{\bar{Y}})}=154-1.96\times\sqrt{0.45}=152.69$$

500 名新生平均身高在置信概率 95%下置信区间的置信上限为

$$\bar{y}+Z_{\alpha/2}\sqrt{v(\hat{\bar{Y}})}=154+1.96\times\sqrt{0.45}=155.31$$

从而，500 名新生平均身高估计为 154cm，方差估计为 0.45，标准差估计为 0.67cm，在置信概率 95%下的置信区间为(152.68，155.31)。

R 语言代码：

```
N=500;
n=50;
ymean=154;
s=5;
z =round(qnorm((1-0.05/2),0,1),2);
#500 名新生平均身高估计为
Yhat=ymean;
#500 名新生平均身高估计量的方差估计为
vYhat=s^2/n*(1-n/N);
#500 名新生平均身高估计量的标准差估计为
sdYhat=sqrt(vYhat);
#500 名新生平均身高在置信概率 95%下的置信下限为
Yhat-( z*sqrt(vYhat));
#500 名新生平均身高在置信概率 95%下的置信上限为
```

```
Yhat+( z * sqrt(vYhat));
```

4. 从100名工人中采用简单随机抽样抽取4名工人,他们的月工资(单位:元)分别为3200、4100、3550、3500。试根据这个样本估计100名工人的每人月平均工资及其在置信概率95%下的置信区间。

解:由题可知,总体单元数 $N=100$,样本量 $n=4$,与 $1-\alpha=0.95$ 相对应的标准正态分布上分位数 $Z_{\alpha/2}=1.96$。经过计算,样本均值为

$$\bar{y}=\frac{1}{n}\sum_{i=1}^{n}y_i=\frac{3200+4100+3550+3500}{4}=3587.5$$

样本方差为

$$s^2=\frac{1}{n-1}\sum_{i=1}^{n}(y_i-\bar{y})^2=140625$$

于是,100名工人的每人月平均工资估计为

$$\hat{\bar{Y}}=\bar{y}=3587.5$$

估计量 $\hat{\bar{Y}}$ 的方差估计为

$$v(\hat{\bar{Y}})=\frac{s^2}{n}\left(1-\frac{n}{N}\right)=\frac{140625}{4}\times\left(1-\frac{4}{100}\right)=33750$$

标准差估计为

$$\sqrt{v(\hat{\bar{Y}})}=\sqrt{33750}=183.7$$

100名工人的每人月平均工资在置信概率95%下的置信下限为

$$\bar{y}-Z_{\alpha/2}\sqrt{v(\hat{\bar{Y}})}=3587.5-1.96\times\sqrt{33750}=3227.4$$

100名工人的每人月平均工资在置信概率95%下的置信上限为

$$\bar{y}+Z_{\alpha/2}\sqrt{v(\hat{\bar{Y}})}=3587.5+1.96\times\sqrt{33750}=3947.6$$

从而,100名工人每人月平均工资的估计为3587.5元,方差估计为33750,标准差估计为183.7元,在置信概率95%下的置信区间(3227.4,3947.6)。

R语言代码:

```
N=100;
n=4;
y=c(3200,4100,3550,3500);
z=round(qnorm((1-0.05/2),0,1),2);
#样本均值为
ymean=mean(y)
#样本方差为
s2=sum((y-ymean)^2)/(n-1);
#100名工人的每人月平均工资的估计为
Ymean=ymean;
#100名工人的每人月平均工资的估计量的方差估计为
vYmean=(s2/n)*(1-n/N);
#100名工人的每人月平均工资的估计量的标准差估计为
sdYmean= sqrt(vYmean);
#100名工人的每人月平均工资在置信概率95%下的置信下限为
ymean-z*sqrt(vYmean);
#100名工人的每人月平均工资在置信概率95%下的置信上限为
ymean+z*sqrt(vYmean);
```

5. 根据某地区市场调查资料编制的香皂销售点名单包含 500 户香皂销售点。从中采用简单随机抽样方式抽取 20 户，调查每个香皂销售点销售“力士”牌香皂的情况，其中只有 8 户香皂销售点销售“力士”牌香皂，月销售量(单位：百块)分别为：5、10、4、3、11、2、1、6。试估计该地区“力士”牌香皂的月销售量。

解：由题可知，总体单元数 $N=500$，样本量 $n=20$。

力士牌香皂销售的样本总值为

$$y=\sum_{i=1}^{n}y_i$$

$$=5+10+4+3+11+2+1+6=42$$

样本方差为

$$s^2=\frac{1}{n-1}\sum_{i=1}^{n}(y_i-\bar{y})^2=11.78$$

于是，该地区力士牌香皂的月销量估计为

$$\hat{Y}=N\bar{y}$$

$$=500\times\frac{42}{20}=1050$$

估计量 $\hat{Y}$ 的方差估计为

$$v(\hat{Y})=\frac{N^2s^2}{n}\left(1-\frac{n}{N}\right)$$
$$=\frac{500^2\times 11.78}{20}\times\left(1-\frac{20}{100}\right)$$
$$=141347.4$$

标准差估计为

$$\sqrt{v(\hat{Y})}=\sqrt{141347.4}=376$$

从而,该地区力士牌香皂的月销售量估计为 1050 百块,估计量的方差估计为 141347.4,标准差估计为 376 百块。

R 语言代码:

```
N=500;
n=20;
y=c(5,10,4,3,11,2,1,6,rep(0,12));
#该地区力士牌香皂的样本总值为
ysum=sum(y);
s2=var(y);
#该地区力士牌香皂月销量的估计为
Ytotal=N*ysum/n;
#该地区力士牌香皂月销量估计量的方差估计为
vYtotal=N^2*(s2/n)*(1-n/N);
#该地区力士牌香皂月销量估计量的标准差估计为
sdYtotal= sqrt(vYtotal);
```

6. 对于 $N=6$ 的总体,6 个单元的标志值 y_i 分别为 8、3、1、11、4、7。请计算样本量为 2 的所有可能样本的均值 $\bar{y}$。说明样本均值 $\bar{y}$ 是总体均值 $\bar{Y}$ 的无偏估计,并证明 $E(s^2)=S^2$。

证明:由题可知,总体单元数 $N=6$,总体的均值为

$$\bar{Y}=\frac{1}{N}\sum_{i=1}^{N}y_i$$

$$=\frac{8+3+1+11+4+7}{6}=5.67$$

$$S^2=\frac{1}{N-1}\sum_{i=1}^{N}(y_i-\bar{Y})^2=13.47$$

样本量 $n=2$,所有可能的样本共计 15 个,见表 2.4。

表 2.4　习题 6 的所有样本

序号	样本	样本均值	样本方差
1	(8, 3)	5.5	12.5
2	(8, 1)	4.5	24.5
3	(8,11)	9.5	4.5
4	(8, 4)	6.0	8.0
5	(8, 7)	7.5	0.5
6	(3, 1)	2.0	2.0
7	(3,11)	7.0	32.0
8	(3, 4)	3.5	0.5
9	(3, 7)	5.0	8.0
10	(1,11)	6.0	50.0
11	(1, 4)	2.5	4.5
12	(1, 7)	4.0	18.0
13	(11, 4)	7.5	24.5
14	(11, 7)	9.0	8.0
15	(4, 7)	5.5	4.5

表 2.4 中的每个样本出现概率都相同,都等于 1/15,样本均值的期望为

$$E(\bar{y})=\sum_{k=1}^{15}\bar{y}_kP(\bar{y}=\bar{y}_k)=\frac{\sum_{k=1}^{15}\bar{y}_k}{15}$$

$$=(5.5+4.5+9.5+6.0+7.5+2.0+7.0+3.5+$$

$$5.0+6.0+2.5+4.0+7.5+9.0+5.5)\times\frac{1}{15}$$

$$=5.67=\bar{Y}$$

样本方差的期望为

$$E(s^2)=\sum_{k=1}^{15}s_k^2P(s^2=s_k^2)=\frac{\sum_{k=1}^{15}s_k^2}{15}$$

$$=(12.5+24.5+4.5+8.0+0.5+2.0+32.0+0.5+8.0+50.0+4.5+18.0+24.5+8.0+4.5)\times\frac{1}{15}$$

$$=13.47=S^2$$

上面等式说明,样本均值 $\bar{y}$ 是总体均值 $\bar{Y}$ 的无偏估计,并且 $E(s^2)=S^2$。

R 语言代码:

```
N=6;
n=2;
y=c(8,3,1,11,4,7);
#总体总值为
Ymean=mean(y);
#总体方差为
S2=sum((y-Ymean)^2)/(N-1);
#所有 15 个可能的样本为
ysample<-array(0,dim=c(15,2))
loop<-1
for(loop1 in c(1:5) )
{
    ysample[loop:(loop+6-loop1-1),1]=y[loop1];
    ysample[loop:(loop+6-loop1-1),2]=y[c((loop1+1):6)];
    loop<-loop+6-loop1;
}
#每个样本的样本均值
ymean<-(ysample[,1]+ysample[,2])/2
#每个样本的样本方差
s2<-((ysample[,1]-ymean)^2+(ysample[,2]-ymean)^2)/(2-1)
#所有 15 个样本的样本均值的平均数
mean(ymean)
#所有 15 个样本的样本方差的平均数
mean(s2)
```

7. 某地区共有 30000 户居民。从中采用简单随机抽样抽选 2000 户，对这些居民的居住情况进行调查，其中 1850 户对住房拥有产权。试估计该地区拥有住房产权的居民户所占比例，并计算估计量的方差估计和标准差估计。

解：由题可知，总体单元数 $N=30000$，样本量 $n=2000$，拥有住房产权的样本户数 $a=1850$。

该地区拥有住房产权的居民户所占比例 P 的估计值为

$$\hat{P}=a/n$$
$$=\frac{1850}{2000}=0.925$$

方差估计为

$$v(\hat{P})=\frac{(1-f)}{n}\frac{np(1-p)}{n-1}$$
$$=\frac{1-2000/30000}{2000}\times\left[\frac{2000\times0.925\times(1-0.925)}{2000-1}\right]=3.24\times10^{-5}$$

标准差估计为

$$\sqrt{v(\hat{P})}=0.0057$$

从而，该地区拥有住房产权的居民户所占比例估计为 0.925，估计量的方差估计为 3.24×10^{-5}，标准差估计为 0.0057。

R 语言代码：

```
N=30000;
n=2000;
c=1850;
#地区拥有住房产权的居民户所占比例的估计为
P=p=c/n;
#该地区拥有住房产权的居民户所占比例估计量的方差估计为
vP=(1-n/N)/n*((n*p*(1-p))/(n-1));
#该地区拥有住房产权的居民户所占比例估计量的标准差估计为
sqrt(vP);
```

8. 在一个规模很大的人口总体中，某种疾病的患病率估计至少为 1%。现在要估计该人口总体的患病人数，要求估计量的变异系数不超过 20%。假定这种疾病可以准确无误地判断，若采用简单随机抽样，需要的样本量多大？

解:由题可知,患病率 P 的估计至少为 0.01,对估计量的精度要求是变异系数为 $C_{\hat{p}}=0.2$。于是,所需要的样本量至少为

$$n_0=\left\lceil\frac{1}{C_{\hat{p}}^{\,2}}\cdot\frac{1-P}{P}\right\rceil$$

$$=\left\lceil\frac{1-0.01}{0.2^2\times 0.01}\right\rceil=2475$$

若采用简单随机抽样,需要的样本量是 2475。

R 语言代码:

```
P=0.01;
C=0.2;
#所需要的样本量为
n0=ceiling((1-P)/(C^2*P));
```

9. 某居民区共有 10000 户居民,现进行抽样调查以估计该区居民的用水量(单位:吨)。采用简单随机抽样抽选了 100 户,样本均值 $\bar{y}=12.5$,样本方差 $s^2=12.52$。试估计该居民区的总用水量,并构造在置信概率 95%下的置信区间。如果要求估计量的相对误差不超过 2%,试问应抽多少户居民作为样本?

解:由题可知,总体单元数 $N=10000$,样本量 $n=100$,样本均值 $\bar{y}=12.5$,样本方差 $s^2=12.52$。对于 $\alpha=0.05$,置信概率 $1-\alpha$ 对应的标准正态分布上分位数为 $Z_{\alpha/2}=1.96$。对估计量的精度要求为相对误差界限 $r_{\hat{Y}}=0.02$。

于是,该居民区的总用水量估计为

$$\hat{Y}=N\bar{y}$$

$$=10000\times 12.5=125000$$

总用水量估计量的方差估计为

$$v(\hat{Y})=\frac{N^2s^2}{n}\left(1-\frac{n}{N}\right)$$

$$=\frac{10000^2\times 12.52}{100}\times\left(1-\frac{100}{10000}\right)=12394800$$

标准差估计为

$$\sqrt{v(\hat{Y})}=3520.63$$

总用水量在置信概率 95%下的置信下限为:

$$\hat{Y}-Z_{\alpha/2}\sqrt{v(\hat{Y})}=125000-1.96\times 3520.63=118099.7$$

总用水量在置信概率 95%下的置信上限为

$$\hat{Y}+Z_{\alpha/2}\sqrt{v(\hat{Y})}=125000+1.96\times 3520.63=131900.3$$

从而，该居民区的总用水量估计为 125000 吨，估计量的方差估计为 12394800，标准差估计为 3520.63 吨。总用水量在置信概率 0.95 下的置信区间为(118099.7，131900.3)。

为满足相对误差界限 $r_{\hat{Y}}=0.02$ 的精度要求，应抽取的样本量：

$$n_0=\left\lceil\frac{Z_{\alpha/2}^2S^2}{r_{\hat{Y}}^2\bar{Y}^2}\right\rceil=\left\lceil\frac{1.96\times 12.52}{0.02^2\times 12.5^2}\right\rceil=770$$

由于 $n_0/N=770/10000=7.7\%$，大于 5%，样本量需要进行修正，

$$\left\lceil\frac{n_0}{1+n_0/N}\right\rceil=\frac{770}{1+770/10000}=715$$

满足精度要求的最小样本量为 715。即需要调查至少 715 户居民才能保证估计量的相对误差不超过 2%。

R 语言代码：

```
N=10000;
n=100;
ymean=12.5;
s2=12.52;
r=0.02;
z=qnorm((1-0.05/2),0,1);
#该居民区总用水量估计为
Y=N * ymean;
#该居民区总用水量估计量的方差估计为
vY=(N^2 * s2/n) * (1-n/N);
#该居民区总用水量估计量的标准差估计为
sdvY=sqrt(vY);
#总用水量在置信概率 95%下的置信下限为
Y-z * sdvY;
#总用水量在置信概率 95%下的置信上限为
```

```
Y+z * sdvY;
#抽样比忽略不计,应抽取的样本量为
n0=ceiling((z^2 * s2)/(r^2 * ymean^2));
#抽样比不可忽略不计,应抽取的样本量为
n1=ceiling(n0/(1+n0/N));
```

10. 从一本单据中用简单随机抽样方法抽取 250 张,发现其中有 50 张单据有错误。试估计在这本单据中错误单据所占比例。若已知这本单据共有 1000 张,重新估计错误单据所占比例,结论是否有变化? 若要求估计量的绝对误差不超过 7%,则至少需要检查多少张单据?(置信度为 95%)

解:由题可知,未给定总体单元数,认为 N 为无穷大,样本量 $n=250$,出现错误单据 $a=50$。由于 $\alpha=0.05$,对应的标准正态分布上分位数为 $Z_{\alpha/2}=1.96$。对估计量的精度要求为绝对误差限 $d_{\hat{P}}=0.01$。

这本单据的错误单据所占比例估计为

$$\hat{P}=\frac{a}{n}$$

$$=\frac{50}{250}=0.2$$

估计量的方差估计为

$$v(\hat{P})=\frac{1}{n}\,\frac{np(1-p)}{n-1}$$

$$=\frac{1}{250}\times\frac{250\times0.2\times(1-0.2)}{250-1}=0.0006426$$

估计量的标准差估计为

$$\sqrt{v(\hat{P})}=0.025$$

从而,在总体单元总数无穷大的情况下,这本单据中错误单据所占比例估计为 0.2,估计量的方差估计为 0.0006426,标准差估计为 0.025。

在总体单元数 $N=1000$ 的情况下,这本单据的错误单据所占比例估计为

$$\hat{P}=\frac{a}{n}$$

$$=\frac{50}{250}=0.2$$

估计量的方差估计为

$$v(\hat{P})=\frac{1}{n}\left(1-\frac{n}{N}\right)\frac{np(1-p)}{n-1}$$

$$=\frac{1}{250}\times\left(1-\frac{250}{1000}\right)\times\frac{250\times0.2\times(1-0.2)}{250-1}=0.0004819$$

估计量的标准差估计为

$$\sqrt{v(\hat{P})}=0.022$$

从而,在总体单元数 $N=1000$ 的情况下,在这本单据中错误单据所占比例估计为 0.2,估计量的方差估计为 0.0004819,标准差估计为 0.022。

在上述两种情况下,在这本单据中错误单据所占比例估计都是 0.2,但是标准估计是不同的,分别是 0.025 和 0.022。

当估计量的精度要求为绝对误差限 $d_{\hat{P}}=0.07$,满足精度要求的样本量为

$$n_0=\left\lceil\frac{Z_{\alpha/2}^2P(1-P)}{d_{\hat{P}}{}^2}\right\rceil$$

$$=\left\lceil\frac{1.96^2\times0.2\times(1-0.2)}{0.07^2}\right\rceil=126$$

抽样比 $f=126/1000=12.6\%$ 较大,不能忽略不计,样本量需要修正,在抽样比不能忽略情况下,满足精度要求的样本量为

$$n'=\left\lceil\frac{n_0}{1+(n_0-1)/N}\right\rceil$$

$$=\left\lceil\frac{126}{1+(126-1)/1000}\right\rceil=112$$

满足估计量绝对误差限 $d_{\hat{P}}=0.07$ 的要求的样本量为 112,即至少抽取 112 张票据。

R 语言代码:

```
N=1000;
n=250;
a=50;
z=round(qnorm((1-0.05/2),0,1),2);
d=0.07;
#在总体单元总数为无穷大的情况下
#这本单据中错误单据所占比例估计
```

```
P=p=a/n;
#这本单据中错误单据所占比例估计量的方差估计
vP=1/n*n*P*(1-P)/(n-1);
#这本单据中错误单据所占比例估计量的标准差估计
sdvP=sqrt(vP);
#在总体单元总数为1000的情况下
#这本单据中错误单据所占比例估计
P=p=a/n;
#这本单据中错误单据所占比例估计量的方差估计
vP=1/n*(1-n/N)*n*P*(1-P)/(n-1);
#这本单据中错误单据所占比例估计量的标准差估计
sdvP=sqrt(vP);
#抽样比忽略不计,应抽取的样本量为
n0= ceiling((z^2*p*(1-p))/d^2);
#抽样比不可忽略不计,应抽取的样本量为
n1= ceiling(n0/(1+(n0-1)/N));
```

11. 为估计某城镇居民拥有电冰箱的户数和每户平均住宅面积,现要从该镇40000户居民中抽出简单随机样本,要求置信概率为95%,拥有电冰箱户数的绝对误差不超过2000户,平均居住面积的绝对误差不超过5平方米。初步估计拥有电冰箱的居民户数所占比例约为20%至40%,每户平均居住面积的总体方差约为1400,问应抽取多少居民户作为样本,才能满足上述两项估计要求。

解:由题可知,总体单元数 $N=40000$。由于 $\alpha=0.05$,对应的标准正态分布上分位数为 $Z_{\alpha/2}=1.96$。拥有电冰箱户总数估计量的绝对误差限 $d_{\hat{A}}=2000$,拥有电冰箱户所占比例估计量的绝对误差限为

$$d_{\hat{P}}=\frac{d_{\hat{A}}}{N}$$

$$=\frac{2000}{40000}=0.05$$

电冰箱的居民户所占比例在20%至40%之间,选择 $P=0.4$,其方差大,满足精度要求的样本量为

$$n_{0P}=\left\lceil\frac{Z_{\alpha/2}^2P(1-P)}{d_{\hat{P}}^2}\right\rceil$$

$$=\left\lceil \frac{1.96^2 \times 0.4 \times (1-0.4)}{(2000/40000)^2} \right\rceil = 369$$

抽样比 $f = 369/40000 = 0.9\%$较小，认为可以忽略不计。即满足在置信概率为 95%下拥有电冰箱户数的绝对误差不超过 2000 户的要求所需要的样本量至少为 369。

平均居住面积的总体方差 $S^2 = 1400$，在置信概率为 95%下，平均居住面积的绝对误差限 $d_{\hat{\bar{Y}}} = 5$，满足精度要求的样本量为

$$n_{0Y} = \left\lceil \frac{Z_{\alpha/2}^2 S^2}{d_{\bar{Y}}^2} \right\rceil$$

$$= \left\lceil \frac{1.96^2 \times 1400}{5^2} \right\rceil = 216$$

抽样比 $f = 216/40000 = 0.54\%$ 较小，认为可以忽略不计。即满足在置信概率为 95%下，平均居住面积的绝对误差不超过 5 平方米的要求所需要的样本量至少为 216。

在置信概率为 95%下，拥有电冰箱户数的绝对误差不超过 2000 户的要求所需要的样本量至少为 369，平均居住面积的绝对误差不超过 5 平方米的要求所需要的样本量至少为 216。选择最大值，即需要的样本量至少为 369，才能同时满足上述两项要求。

R 语言代码：

```
N=40000;
z=round(qnorm((1-0.05/2),0,1),2);
n=2000;
dp=n/N;
dy=5;
S2=1400;
P=0.4;
#拥有电冰箱的居民户数所占比例约为 0.4 时的样本量为
n0P=ceiling((z^2 * P * (1-P))/dp^2);
#相应的抽样比为
f0P= n0P/N;
#绝对误差不超过 5 平方米的样本量为
```

```
n0Y=ceiling((z^2 * S2)/dy^2);
#相应的抽样比为
f0Y= n0Y/N;
```

12. 某地区有居民 900 户,人均月收入在 5000 元以上的居民户所占比例 0.20,要求在置信概率 0.95 下抽样误差范围不超过 12%,试计算所需要的样本量 n。

解:由题可知,总体单元数 $N=900$,人均月收入在 5000 元以上的居民户所占比例 $P=0.20$。由于 $\alpha=0.05$,对应的标准正态分布上分位数为 $Z_{\alpha/2}=1.96$。在置信概率 0.95 下,估计量的精度要求为绝对误差限 $d_{\hat{p}}=0.12$。满足精度要求的样本量为

$$n=\left\lceil \frac{Z_{\alpha/2}^2 P(1-P)}{d_{\hat{P}}^2} \right\rceil$$

$$=\left\lceil \frac{1.96^2\times 0.20\times(1-0.20)}{0.12^2} \right\rceil=43$$

抽样比 $f=43/900=4.8\ \%$较小,认为可以忽略不计。即满足在置信概率为 95%下,抽样误差范围不超过 12%的要求所需要的样本量至少为 43。

R 语言代码:

```
N=900;
p=0.20;
dp=0.12;
z=qnorm((1-0.05/2),0,1);
#所需要的样本量为
n0=ceiling(z^2 * p * (1-p)/(dp^2));
#相应的抽样比为
f=n0/N
```

13. 某居民区共有 600 户居民,为了调查该居民区中每户居民的收入情况,采用简单随机抽样以居民户为单元抽取了 30 户居民,登记每居民户的月收入,调查数据见表 2.5 所示。

表 2.5 居民区中每户居民的月收入 单位:元

序号 i	月收入 y_i	序号 i	月收入 y_i	序号 i	月收入 y_i
1	7670	11	8768	21	9930
2	8760	12	9690	22	9760
3	7510	13	8880	23	5734
4	3656	14	7560	24	5604
5	7764	15	6650	25	6554
6	6494	16	6456	26	6656
7	4724	17	5456	27	3684
8	9840	18	7904	28	4760
9	9580	19	5928	29	8496
10	6574	20	4664	30	7920

根据上面数据,估计该居民区中月收入超过 7000 元的居民总数,并给出在置信概率 95%下的置信区间。

解:由题可知,总体单元数 $N=600$,样本量 $n=30$,超过 7000 元的居民总数 $a=15$,样本比例为 $p=15/30=0.5$。由于 $\alpha=0.05$,对应的标准正态分布上分位数为 $Z_{\alpha/2}=1.96$。超过 7000 元的居民总数估计为

$$\begin{aligned}\hat{A}&=Np\\&=600\times0.5=300\end{aligned}$$

超过 7000 元居民总数估计量的方差估计为

$$\begin{aligned}v(\hat{A})&=\frac{N^2(1-n/N)}{n}\frac{np(1-p)}{n-1}\\&=\frac{600^2\times(1-30/600)}{30}\times\frac{30\times0.5\times0.5}{29}=2955\end{aligned}$$

标准差估计为

$$\sqrt{v(\hat{A})}=54$$

超过 7000 元的居民总数在置信概率 95%下的置信下限为

$$\left\lfloor\hat{A}-\left[Z_{\alpha/2}\sqrt{v(\hat{A})}+N/(2n)\right]\right\rfloor=\left\lfloor300-(1.96\times54+10)\right\rfloor=184$$

超过 7000 元的居民总数在置信概率 95%下的置信上限为

$$\left\lceil\hat{A}+\left[Z_{\alpha/2}\sqrt{v(\hat{A})}+N/(2n)\right]\right\rceil=\left\lceil300+(1.96\times54+10)\right\rceil=416$$

从而,该居民区中月收入超过 7000 元的居民总数估计为 300 户,估计量的标准差估计为 54 户,在置信概率 95%下的置信区间为(184,416)。

R 语言代码:

```
N=600;
n=30;
z=round(qnorm((1-0.05/2),0,1),2);
y=c(7670,8760,7510,3656,7764,6494,4724,9840,9580,6574,
    8768,9690,8880,7560,6650,6456,5456,7904,5928,4664,
    9930,9760,5734,5604,6554,6656,3684,4760,8496,7920);
#超过 7000 元居民的样本单元总数为
a=sum(y>7000);
#超过 7000 元居民的样本比例为
p=a/n;
#超过 7000 元的居民总数估计为
A=N*p;
#超过 7000 元的居民总数估计量的方差估计为
vA=(N^2*(1-n/N)/n)*(n*p*(1-p)/(n-1));
#超过 7000 元的居民总数估计量的标准差估计为
sdvA=round(sqrt(vA));
#超过 7000 元的居民总数在置信概率 95%下的置信下限为
floor(A-(z*sdvA+N/(2*n)));
#超过 7000 元的居民总数在置信概率 95%下的置信上限为
ceiling(A+(z*sdvA+N/(2*n)));
```

14. 从总体 900 名学生中简单随机抽取 30 名,登记他们的性别和对某种观点的态度(赞同或不赞同)。数据如下:

(男,不赞同),(男,赞同),(女,赞同),(女,不赞同),(女,不赞同),

(女,赞同),(男,不赞同),(男,赞同),(女,不赞同),(女,赞同),

(男,不赞同),(女,不赞同),(女,不赞同),(女,赞同),(男,不赞同),

(男,不赞同),(男,不赞同),(男,赞同),(女,赞同),(女,赞同),

（女，　赞同），（女，不赞同），（女，　赞同），（男，赞同），（男，不赞同），

（女，　赞同），（女，　赞同），（女，　赞同），（女，不赞同），（男，　赞同）。

试估计女生人数以及女生中赞同该观点的人数。

解：由题可知，总体单元数 $N=900$，样本量 $n=30$，样本中女生人数 $a_1=18$，样本比例为 $p_1=0.6$。女生赞同该观点的人数 $a_{(f)}=11$，样本比例为 $a_{(f)}=11/18$。900 名学生中的女生人数估计为

$$\begin{aligned}\hat{A}_1&=Np_1\\&=900\times 0.6=540\end{aligned}$$

女生人数估计量的方差估计为

$$\begin{aligned}v(\hat{A})&=\frac{N^2(1-n/N)}{n}\frac{np(1-p)}{n-1}\\&=\frac{900^2\times(1-30/900)}{30}\times\frac{30\times 0.6\times 0.4}{(30-1)}=6480\end{aligned}$$

标准差估计为

$$\sqrt{v(\hat{A})}=80$$

从而，该总体中女生总数估计为 540 人，估计量的方差估计为 6480，估计量的标准差估计为 80 人。

j 子总体代表总体中的所有女生，j 子总体的样本量 $n_{(j)}=18$，赞同的人数 $a_{(j)}=11$，女生中赞同总人数的估计为

$$\begin{aligned}\hat{A}_{(j)}&=\frac{Na_{(j)}}{n}\\&=\frac{900\times 11}{30}=330\end{aligned}$$

女生中赞同总人数估计量的方差估计为

$$\begin{aligned}v(\hat{A}_{(j)})&=\frac{N^2}{n}\left(1-\frac{n}{N}\right)\left[\frac{n(a_{(j)}/n))(1-a_{(j)}/n)}{n-1}\right]\\&=\frac{900^2}{30}\times\left(1-\frac{30}{900}\right)\times\left[\frac{30\times(11/30)\times(1-11/30)}{30-1}\right]=6270\end{aligned}$$

女生中赞同总人数估计量的标准差估计为

$$\sqrt{v(\hat{A}_{(j)})}=79$$

从而，女生中赞同该项提案的人数估计为 330 人，估计量的方差估计为 6270，估计量的标准差估计为 79 人。

R 语言代码:

```
N=900;
n=30;
z=round(qnorm((1-0.05/2),0,1),2);
#男生为"male",女生为"female";
#赞同为"Yes",不赞同为"No",
ysample=array (c("male","male","female","female","female",
                 "female","male","male","female","female",
                 "male","female","female","female","male",
                 "male","male","male","female","female",
                 "female","female","female","male","male",
                 "female","female","female","female","male",
                 "No","Yes","Yes","No","No",
                 "Yes","No","Yes","No","Yes",
                 "No","No","No","Yes","No",
                 "No","No","Yes","Yes","Yes",
                 "Yes","No","Yes","Yes","No",
                 "Yes","Yes","Yes","No","Yes"),dim=c(30,2));
#女生的样本单元总数为
a1=sum(ysample[,1]=="female");
#女生的样本比例为
p1=a1/n;
#女生总数的估计为
A=N*p1;
#女生总数估计量的方差估计为
vA=(N^2*(1-n/N)/n)*(n*p1*(1-p1)/(n-1));
#女生总数估计量的标准差估计为
sdvA=round(sqrt(vA));
#女生赞同的样本单元总数为
aj=sum((ysample[,1]=="female")*(ysample[,2]=="Yes"));
#女生赞同的样本比例为
pj=aj/n;
#女生赞同总数的估计为
```

```
Aj=N*pj;
#女生赞同总数估计量的方差估计为
vAj=(N^2*(1-n/N)/n)*(n*pj*(1-pj)/(n-1));
#女生赞同总数估计量的标准差估计为
sdvAj=round(sqrt(vAj));
```

15. 某大学共有855名教职工,现在要了解他们发表的文章数,从中简单随机抽取50名,得到他们发表的文章数如下:

2,4,7,4,7,1,1,3,4,5,9,4,7,7,9,6,4,3,2,6,8,8,6,2,4,3,2,3,4,1,6,

8,6,3,2,0,2,4,6,2,0,2,0,1,2,3,3,6,7,4

估计平均每名教职工发表的文章数,并给出估计量的方差估计。估计没有发表文章的教职工所占的比例,并给出置信概率为80%的置信区间。

解:由题可知,总体单元数 $N=855$,样本量 $n=50$。由于 $\alpha=0.20$,对应的标准正态分布上分位数为 $Z_{\alpha/2}=1.28$。

利用样本数据,可以计算,样本总值为

$$y=\sum_{i=1}^{50} y_i=203$$

样本方差为

$$s^2=\frac{1}{n-1}\sum_{i=1}^{n}(y_i-\bar{y})^2=6.0984$$

平均每名教职工发表文章数的估计为

$$\hat{\bar{Y}}=\bar{y}=\frac{\sum_{i=1}^{50} y_i}{n}$$

$$=\frac{203}{50}=4.06$$

平均每名教职工发表的文章数估计量的方差估计为

$$v(\hat{\bar{Y}})=\frac{s^2}{n}\left(1-\frac{n}{N}\right)$$

$$=\frac{6.098}{50}\times\left(1-\frac{50}{855}\right)=0.1148$$

平均每名教职工发表的文章数估计量的标准差估计为

$$\sqrt{v(\hat{\bar{Y}})}=0.3389$$

从而,平均每名教职工发表文章数的估计为4.06篇,估计量的方差估计为

0.1148,估计量的标准差估计为 0.3389 篇。

没有发表文章的教职工的样本总人数 $a=3$,样本比例为 $p=0.06$。没有发表文章教职工比例的估计为

$$\hat{P}=p=0.06$$

没有发表文章教职工比例估计量的方差估计为

$$v(\hat{P})=\left(1-\frac{n}{N}\right)\frac{p(1-p)}{n-1}$$
$$=\left(1-\frac{50}{855}\right)\times\frac{0.06\times(1-0.06)}{50-1}=0.0011$$

没有发表文章教职工比例估计量的标准差估计为

$$\sqrt{v(\hat{P})}=0.0329$$

没有发表文章教职工比例在置信概率 80%下的置信下限为

$$p-\left[Z_{\alpha/2}\sqrt{v(\hat{P})}+\frac{1}{2n}\right]=0.06-(1.28\times0.0329+\frac{1}{100})=0.0078$$

没有发表文章教职工比例在置信概率 80%下的置信上限为

$$p+\left[Z_{\alpha/2}\sqrt{v(\hat{P})}+\frac{1}{2n}\right]=0.06+(1.28\times0.0329174+\frac{1}{100})=0.1122$$

从而,没有发表文章教职工所占比例的估计为 0.06,在置信概率 80%下的置信区间为(0.0078,0.1122)。

R 语言代码:

```
N=855;
n=50;
z=qnorm((1-0.20/2),0,1);
y=c(2,4,7,4,7,1,1,3,4,5,9,4,7,7,9,6,4,3,2,6,8,8,6,2,4,3,2,3,4,1,6,
8,6,3,2,0,2,4,6,2,0,2,0,1,2,3,3,6,7,4);
#样本总值为
ytotal=sum(y);
#样本方差为
s2=var(y);
#平均每名教职工发表文章数的估计为
Ymean=ytotal/n;
#平均每名教职工发表文章数估计量的方差估计为
```

```
vY=s2/n*(1-n/N);
#平均每名教职工发表文章数估计量的标准差估计为
sdvY=sqrt(vY);
#没有发表文章教职工样本比例的估计为
p=sum(y==0)/n;
#没有发表文章教职工比例的估计为
P=p;
#没有发表文章的教职工所占比例估计量的方差估计为
vP=p*(1-p)*(1-n/N)/(n-1);
#没有发表文章的教职工所占比例估计量的标准差估计为
sdvP=sqrt(vP);
#没有发表文章的教职工比例在置信概率80%下的置信下限为
p-(z*sdvP+1/(2*n));
#没有发表文章的教职工比例在置信概率80%下的置信上限为
p+(z*sdvP+1/(2*n));
```

第3章 分层随机抽样

3.1 分层随机抽样的基本概念和定义

1. 分层随机抽样:先将总体按某一标志值划分为若干个互不相交的层,然后在每层中独立地进行抽样,得到每层的样本,将各层样本组合构成总样本,这样的抽样方式叫做分层抽样,又称为类型抽样。若在每层中采用简单随机抽样抽取样本,称为分层随机抽样。

2. 分层随机抽样的层划分原则:分层抽样对总体的划分要遵循不重复、不遗漏的原则。

3. 第 h 层权数:第 h 层单元数占总体单元数比例,即 $W_h = N_h/N$ 为第 h 层权数,其中 N 为总体单元总数,层序号 $h=1,\cdots,L$,各层单元总数依次为 $N_1,N_2,\cdots,N_L$,可以验证 $N=N_1+N_2+\cdots+N_L$, $W_1+W_2+\cdots+W_L=1$。

4. 总体总值和总体均值: y_{hi} 表示第 h 层第 i 个单元的标志值。总体总值为 $Y=\sum_{h=1}^{L}\sum_{i=1}^{N_h}y_{hi}$,总体均值为 $\bar{Y}=Y/N$ 。第 h 层均值为 $\bar{Y}_h=\sum_{i=1}^{N_h}y_{hi}/N_h$ 。

5. 第 h 层的样本均值: $\bar{y}_h=\sum_{i=1}^{n_h}y_{hi}/n_h$,其中 $n_1,n_2,\cdots,n_L$ 为各层样本量,层内样本单元序号用 i 表示, y_{hi} 表示样本中第 h 层第 i 个单元的标志值。

6. C 类单元总数与总体比例:把总体单元分成两类,分别为 C 类和 C' 类,属于 C 类的单元总数记为 A,总体的 C 类单元总数 A 等于各层 C 类单元数 A_h 之和。总体比例 P 为总体的 C 类单元总数 A 与总体单元总数 N 之比, $P=A/N$ 。各层比例 P_h 为各层 C 类单元总数 A_h 与各层单元总数 N_h 之比, $P_h=A_h/N_h$,其中 $h=1,\cdots,L$ 为层序号。

7. 第 h 层的样本比例: $p_h=a_h/n_h$,其中 a_h 表示样本的第 h 层 C 类单元数, n_h 为各层样本量, $h=1,\cdots,L$ 为层序号。

8. 总调查费用的线性函数:记分层随机抽样的总调查费用为 C ,假设 C 为 L 个层样本量 $n_1,n_2,\cdots,n_L$ 的线性函数,即 $C=c_0+\sum_{h=1}^{L}c_hn_h$ 。其中 c_0 是整个调查的管理费用, c_h 是第 h 层每个单元的调查费用。同一层单元的调查费用相同,不同层单元的调查费用并不一定相同。

9. 样本量的最优分配：对于分层随机抽样，总样本量的分配是指总样本量 n 如何划分为各层的样本量 $n_1, n_2, \cdots, n_L$ 。总样本量的分配方法很多，其中最优分配方法满足下面两个条件：即当给定总调查费用的限度，各层样本量 $n_1, n_2, \cdots, n_L$ 的最优分配使估计量的方差达到最小；当给定估计量的方差限度，各层样本量 n_1，$n_2, \cdots, n_L$ 的最优分配使总调查费用最低。

10. 样本量的奈曼最优分配：当各层的每个单元调查单元费用相等时，样本量的最优分配，称为奈曼最优分配。

11. 样本量的按比例分配：当各层的样本量 n_h 与各层的总样本量 N_h 成比例时，样本量的分配称为样本量按比例分配。

12. 抽样后分层估计量：抽样后分层是指抽取样本之前，已知总体某种分层的各层单元数 N_h 或者其权数 W_h，但并未采用此种分层的分层随机抽样，而是采用简单随机抽样或其他抽样方法抽取样本，抽取出样本之后，再对样本单元按照该种分层方法进行分层。利用抽样后分层的样本和已知的各层权数，构造分层随机抽样的简单估计量，被称为抽样后分层估计量。

3.2 分层随机抽样的估计量

分层随机抽样中的符号说明：总体中的单元总数为 N，总体的层数为 L，层序号为 h，层内单元序号为 i，第 h 层的单元总数为 N_h，第 h 层权数为 W_h，第 h 层总值为 Y_h，第 h 层均值为 $\bar{Y}_h$，第 h 层方差为 S_h^2 。总体总值为 Y，总体均值为 $\bar{Y}$，总体比例为 P，总体中 C 类单元总数为 A 。样本容量为 n，第 h 层的样本量为 n_h，第 h 层的抽样比为 f_h，第 h 层的样本总值为 y_h，第 h 层的样本均值为 $\bar{y}_h$，第 h 层的样本方差 s_h^2，第 h 层的样本标准差为 s_h，第 h 层的 C 类样本单元数为 a_h，第 h 层的样本比例为 p_h 。置信概率记为 $1-\alpha$，$Z_{\alpha/2}$ 为标准正态分布概率 $\alpha/2$ 相对应的上分位数。

1. 总体均值的估计

总体均值的估计量

$$\hat{\bar{Y}}_{ST} = \sum_{h=1}^{L} W_h \bar{y}_h$$

总体均值估计量的方差

$$V(\hat{\bar{Y}}_{ST}) = \sum_{h=1}^{L} \frac{W_h^2 S_h^2}{n_h}\left(1-\frac{n_h}{N_h}\right)$$

若各层的抽样比 f_h（$h=1,\cdots,L$）可以忽略不计，总体均值估计量的方差为

$$V(\hat{\bar{Y}}_{ST})=\sum_{h=1}^{L}\frac{W_h^2S_h^2}{n_h}$$

若各层的抽样比 $n_1/N_1=\cdots=n_L/N_L$ 相等，总体均值估计量的方差为

$$V(\hat{\bar{Y}}_{ST})=\frac{(1-f)}{n}\left(\sum_{h=1}^{L}W_hS_h^2\right)$$

总体均值估计量的方差估计

$$v(\hat{\bar{Y}}_{ST})=\sum_{h=1}^{L}\frac{W_h^2s_h^2}{n_h}\left(1-\frac{n_h}{N_h}\right)$$

总体均值的置信区间

$$\left(\bar{y}_{ST}-Z_{\alpha/2}\sqrt{v(\hat{\bar{Y}}_{ST})},\bar{y}_{ST}+Z_{\alpha/2}\sqrt{v(\hat{\bar{Y}}_{ST})}\right)$$

总体均值估计量 $\hat{\bar{Y}}_{ST}$ 及其方差估计 $v(\hat{\bar{Y}}_{ST})$ 都是无偏估计量。

2. 总体总值的估计

总体总值的估计量

$$\hat{Y}_{ST}=N\sum_{h=1}^{L}W_h\bar{y}_h=N\bar{y}_{ST}$$

总体总值估计量的方差

$$V(\hat{Y}_{ST})=\sum_{h=1}^{L}\frac{N_h^2S_h^2}{n_h}\left(1-\frac{n_h}{N_h}\right)$$

若各层的抽样比 f_h（$h=1,\cdots,L$）可以忽略不计，总体总值估计量的方差为

$$V(\hat{Y}_{ST})=\sum_{h=1}^{L}\frac{N_h^2S_h^2}{n_h}$$

若各层的抽样比 $n_1/N_1=\cdots=n_L/N_L$ 相等，总体总值估计量的方差为

$$V(\hat{Y}_{ST})=\frac{N^2(1-f)}{n}\left(\sum_{h=1}^{L}W_hS_h^2\right)$$

总体总值估计量的方差估计

$$v(\hat{Y}_{ST})=\sum_{h=1}^{L}\frac{N_h^2s_h^2}{n_h}\left(1-\frac{n_h}{N_h}\right)$$

总体总值的置信区间

$$\left(\hat{Y}_{ST}-Z_{\alpha/2}\sqrt{v(\hat{Y}_{ST})},\hat{Y}_{ST}+Z_{\alpha/2}\sqrt{v(\hat{Y}_{ST})}\right)$$

总体均值估计量 $\hat{Y}_{ST}$ 及其方差估计 $v(\hat{Y}_{ST})$ 都是无偏估计量。

3. 总体比例的估计

总体比例的估计量

$$\hat{P}_{ST}=\sum_{h=1}^{L}W_h p_h$$

总体比例估计量的方差

$$V(\hat{P}_{ST})=\sum_{h=1}^{L}\frac{W_h^2}{n_h}\left(1-\frac{n_h}{N_h}\right)\left[\frac{N_h P_h(1-P_h)}{N_h-1}\right]$$

总体比例估计量的方差估计

$$v(\hat{P}_{st})=\sum_{h=1}^{L}\frac{W_h^2}{n_h}\left(1-\frac{n_h}{N_h}\right)\left[\frac{n_h p_h(1-p_h)}{n_h-1}\right]$$

总体比例的置信区间

$$\left(p_{ST}-\left[Z_{\alpha/2}\sqrt{v(\hat{P}_{ST})}+\frac{1}{2n}\right],p_{ST}+\left[Z_{\alpha/2}\sqrt{v(\hat{P}_{ST})}+\frac{1}{2n}\right]\right)$$

总体比例估计量 $\hat{P}_{ST}$ 及其方差估计 $v(\hat{P}_{ST})$ 都是无偏估计量。

4. *C* 类单元总数估计

C 类单元总数的估计量

$$\hat{A}_{ST}=N\sum_{h=1}^{L}W_h p_h=N\hat{P}_{ST}$$

C 类单元总数估计量的方差

$$V(\hat{A}_{ST})=\sum_{h=1}^{L}\frac{N_h^2}{n_h}\left(1-\frac{n_h}{N_h}\right)\left[\frac{N_h P_h(1-P_h)}{N_h-1}\right]$$

C 类单元总数估计量的方差估计

$$v(\hat{A}_{st})=\sum_{h=1}^{L}\frac{N_h^2}{n_h}\left(1-\frac{n_h}{N_h}\right)\left[\frac{n_h p_h(1-p_h)}{n_h-1}\right]$$

C 类单元总数的置信区间

$$\left(\hat{A}_{ST}-\left[Z_{\alpha/2}\sqrt{v(\hat{A}_{ST})}+\frac{N}{2n}\right],\hat{A}_{ST}+\left[Z_{\alpha/2}\sqrt{v(\hat{A}_{ST})}+\frac{N}{2n}\right]\right)$$

总体均值估计量 $\hat{A}_{ST}$ 及其方差估计 $v(\hat{A}_{ST})$ 都是无偏估计量。

5. 抽样后分层总体均值估计

利用抽样后分层的样本和已知的各层权数，构造分层随机抽样的简单估计量，被称为抽样后分层估计量。总体均值的抽样后分层估计量为

$$\hat{\bar{Y}}_{PST}=\sum_{h=1}^{L}W_h\bar{y}_h$$

抽样后分层估计量的方差

$$E[V(\hat{\bar{Y}}_{PST})] \approx \frac{\sum_{h=1}^{L} W_h S_h^2}{n}\left(1-\frac{n}{N}\right)+\frac{\sum_{h=1}^{L}(1-W_h)S_h^2}{n^2}$$

抽样后分层估计量的方差估计

$$ev(\hat{\bar{Y}}_{PST}) \approx \frac{\sum_{h=1}^{L} W_h s_h^2}{n}\left(1-\frac{n}{N}\right)+\frac{\sum_{h=1}^{L}(1-W_h)s_h^2}{n^2}$$

其中，s_h^2 为抽样后分层的第 h 层的样本方差。

假设权数 $W_1,\cdots,W_L$ 是各层的真实数据，若权数 $W_1,\cdots,W_L$ 是通过其他途径估计的，误差可以忽略不计。再假设样本量 n 足够大，各层样本量 $n_1,\cdots,n_L$ 都足够大。则总体均值的抽样后分层估计量的方差和样本量按比例分配的分层随机抽样的总体均值估计量的方差近似相等。

3.3 分层随机抽样情形下的样本量确定

对于分层随机抽样，抽样调查设计方案应该权衡调查精度与总调查费用。当给定总调查费用的要求，选择满足费用要求且估计量方差最小的最大样本量；当给定估计量精度的要求，选择满足精度要求且调查费用最低的最小样本量。另外，在分层随机抽样中，样本量在各层中不同的分配方式也会对估计量的精度产生影响，样本量确定还需要考虑总样本量 n 在各层中的分配。

令分层随机抽样的总调查费用记为 C，假设 C 为 L 个层的样本量 $n_1,\cdots,n_L$ 的线性函数，即

$$C=c_0+\sum_{h=1}^{L} c_h n_h$$

其中 c_0 代表整个调查的管理费用，c_h 是第 h 层每个单元的调查费用。同一层单元的调查费用相同；不同层单元的调查费用并不一定相同。

1. 为估计总体均值或总体总值进行分层随机抽样的样本量确定

(1)样本量按事前给定比例 $\lambda_1,\lambda_2,\cdots,\lambda_L$ 分配：各层样本量分别为

$$n_1=n\lambda_1,n_2=n\lambda_2,\cdots,n_L=n\lambda_L$$

给定总体均值估计量的方差界限为 $V_{\hat{\bar{Y}}_{ST}}$，抽样比可以忽略不计，总样本量为

$$n_0=\left\lceil \frac{1}{V_{\hat{\bar{Y}}_{ST}}}\left(\sum_{h=1}^{L}\frac{W_h^2 S_h^2}{\lambda_h}\right)\right\rceil$$

给定总体均值估计量的方差界限为 $V_{\hat{\bar{Y}}_{ST}}$，抽样比不可忽略不计，总样本量为

$$n=\left\lceil \frac{n_0}{1+\frac{1}{NV_{\hat{\bar{Y}}_{ST}}}\left(\sum_{h=1}^{L}W_hS_h^2\right)} \right\rceil$$

给定总调查费用的限度为 $C_{\bar{Y}_{ST}}$，总样本量为

$$n=\left\lfloor \frac{C_{\hat{\bar{Y}}_{ST}}-c_0}{\sum_{h=1}^{L}c_h\lambda_h} \right\rfloor$$

其中，$\lfloor x \rfloor$ 为不大于 x 的最大正整数，$\lceil x \rceil$ 为不小于 x 的最小正整数

(2)样本量最优分配：采用分层随机抽样，总调查费用函数是 L 个层的样本量 $n_1,\cdots,n_L$ 的线性函数。当各层样本量 $n_1,\cdots,n_L$ 满足条件

$$\frac{n_1}{W_1S_1/\sqrt{c_1}}=\frac{n_2}{W_2S_2/\sqrt{c_2}}=\cdots=\frac{n_L}{W_LS_L/\sqrt{c_L}}$$

则给定总调查费用的限度，估计量的方差 $V(\hat{\bar{Y}}_{ST})$ 达到最小值；给定估计量方差 $V(\hat{\bar{Y}}_{ST})$ 的限度，总调查费用达到最低。

给定总样本量 n，对于 $h=1,\cdots,L$，则第 h 层最优样本量为

$$n_h=\frac{nW_hS_h/\sqrt{c_h}}{\sum_{k=1}^{L}W_kS_k/\sqrt{c_k}}$$

给定总体均值估计量的方差界限为 $V_{\hat{\bar{Y}}_{ST}}$，抽样比可以忽略不计，总样本量为

$$n_0=\left\lceil \frac{\sum_{h=1}^{L}W_hS_h\sqrt{c_h}}{V_{\hat{\bar{Y}}_{ST}}}\left(\sum_{h=1}^{L}\frac{W_hS_h}{\sqrt{c_h}}\right) \right\rceil$$

给定总体均值估计量的方差界限为 $V_{\hat{\bar{Y}}_{ST}}$，抽样比不可忽略不计，总样本量为

$$n=\left\lceil \frac{n_0}{1+\frac{1}{NV_{\hat{\bar{Y}}_{ST}}}\left(\sum_{h=1}^{L}W_hS_h^2\right)} \right\rceil$$

给定总调查费用的限度为 $C_{\bar{Y}_{ST}}$，总样本量为

$$n=\left\lfloor \frac{(C_{\hat{\bar{Y}}_{ST}}-c_0)\sum_{h=1}^{L}W_hS_h/\sqrt{c_h}}{\sum_{h=1}^{L}W_hS_h\sqrt{c_h}} \right\rfloor$$

(3)样本量奈曼最优分配:采用分层随机抽样,总调查费用函数是 L 个层的样本量 $n_1,\cdots,n_L$ 的线性函数。如果各层单元的调查费用相等,即 $c_1=\cdots=c_L=c$,对于 $h=1,\cdots,L$,第 h 层最优样本量为

$$n_h=\frac{nW_hS_h}{\sum_{k=1}^{L}W_kS_k}$$

给定总体均值估计量的方差界限为 $V_{\hat{\bar{Y}}_{ST}}$,抽样比可以忽略不计,总样本量为:

$$n_0=\left\lceil\frac{1}{V_{\hat{\bar{Y}}_{ST}}}\left(\sum_{h=1}^{L}W_hS_h\right)^2\right\rceil$$

给定总体均值估计量的方差界限为 $V_{\hat{\bar{Y}}_{ST}}$,抽样比不可以忽略不计,总样本量为

$$n=\left\lceil\frac{n_0}{1+\frac{1}{NV_{\hat{\bar{Y}}_{ST}}}\left(\sum_{h=1}^{L}W_hS_h^2\right)}\right\rceil$$

(4)样本量按比例分配:各层的样本量 n_h 与单元总数 N_h 成比例。即

$$\frac{n_1}{N_1}=\cdots=\frac{n_L}{N_L}=\frac{n_1+\cdots+n_L}{N_1+\cdots+N_L}=\frac{n}{N}$$

对于 $h=1,\cdots,L$,第 h 层样本量为

$$n_h=\frac{nN_h}{N}=nW_h$$

给定总体均值估计量的方差界限为 $V_{\hat{\bar{Y}}_{ST}}$,抽样比可以忽略不计,总样本量为:

$$n_0=\left\lceil\frac{1}{V_{\hat{\bar{Y}}_{ST}}}\left(\sum_{h=1}^{L}W_hS_h^2\right)\right\rceil$$

给定总体均值估计量的方差界限为 $V_{\hat{\bar{Y}}_{ST}}$,抽样比不可以忽略不计,总样本量为

$$n=\left\lceil\frac{n_0}{1+\frac{1}{NV_{\hat{\bar{Y}}_{ST}}}\left(\sum_{h=1}^{L}W_hS_h^2\right)}\right\rceil$$

给定总调查费用为 $C_{\hat{\bar{Y}}_{ST}}$,总样本量为

$$n=\left\lfloor\frac{C_{\hat{\bar{Y}}_{ST}}-c_0}{\sum_{h=1}^{L}c_hW_h}\right\rfloor$$

给定总体总值估计量 $\hat{Y}$ 的方差界限 $V_{\hat{Y}}$,可以转化为总体均值估计量 $\hat{\bar{Y}}$ 的方差

界限 $V_{\hat{\bar{Y}}}$，再计算样本量。

2. 为估计 *C* 类单元总数或总体比例进行分层随机抽样的样本量确定

为估计总体比例而进行分层随机抽样的总样本量计算公式，是将为估计总体均值而进行分层随机抽样的总样本量计算公式中的各层方差替换为 $S_h^2=N_hP_h(1-P_h)/(N_h-1)$ 即可。给定 C 类单元总数估计量的方差界限 $V_{\hat{A}}$，可以转化为总体比例估计量的方差界限 $V_{\hat{p}}$，再计算样本量。

3.4　习题解答

1. 将简单随机样本按照类别划分为 6 个层，采用每层实际权数构造分层随机抽样的估计量，称为抽样后分层估计量。若采用抽样后分层估计量，试判断以下说法的对错。

(1)抽样后分层估计量比简单随机抽样简单估计量的精度更高；

(2)抽样后分层估计量比样本量按比例分配的估计量的精度更高；

(3)抽样后分层估计量比样本量最优分配的估计量的精度更高；

(4)在抽样时不能得到分层变量；

(5)抽样后分层估计量与样本量按比例分配的分层随机抽样估计量的方差接近。

答：

(1)抽样后分层估计量比简单随机抽样简单估计量的精度更高，这个结论成立是有条件的。假定样本量 n 足够大，各层样本量 $n_1,\cdots,n_L$ 都足够大。并且各层均值不相等，层内单元标志值的差异小，而层间单元标志值的差异大，层间均值差异也大，抽样后分层估计量的方差往往小于简单随机抽样的总体均值估计量的方差。

(2)抽样后分层估计量比样本量按比例分配的估计量的精度更高，这个结论不严谨。假定样本量 n 足够大，各层样本量 $n_1,\cdots,n_L$ 都足够大，抽样后分层估计量的方差往往接近样本量按比例分配的分层随机抽样的总体均值估计量的方差。

(3)抽样后分层估计量比样本量最优分配的估计量的精度更高，这种结论是不合理。假定样本量 n 足够大，各层样本量 $n_1,\cdots,n_L$ 都足够大，抽样后分层估计量的方差往往接近样本量按比例分配分层随机抽样的总体均值估计量的方差，但往往比样本量最优分配的分层随机抽样的总体均值估计量的方差大。

(4)在抽样时不能得到分层变量，这个说法不严谨。抽样后分层是指抽取样本之前，已知总体某种分层的各层单元数 N_h 或者各层权数 W_h，但并未采用此种分层随机抽样，而是采用简单随机抽样或其他抽样方法抽取样本，抽取出样本之后，再按照该种分层方法对样本单元进行分层。

(5)抽样后分层估计量与样本量按比例分配的分层随机抽样的估计量的方差接近,只是在满足一定条件下才成立。假设权数 $W_1,\cdots,W_L$ 是各层的真实数据,若权数 $W_1,\cdots,W_L$ 是通过其他途径估计的,误差可以忽略不计。再假设样本量 n 足够大,各层样本量 $n_1,\cdots,n_L$ 都足够大。则总体均值的抽样后分层估计量的方差和样本量按比例分配的分层随机抽样的总体均值估计量的方差近似相等。

2. 学生的综合素质与家长文化程度有关。为了调查学生的综合素质,欲对总体按家长文化程度进行分层,但每个学生家长的文化程度未知,各层学生人数未知。一份过去的调查资料给出了该地区学生家长文化程度的分类及其所占比例。问应该如何抽样?

答:采用简单随机抽样,制定简单随机抽样的抽样框,确定满足精度要求的样本量,抽取该地区的学生,调查每个学生的综合素质和家长文化程度。收集完简单随机样本后,再对学生进行抽样后分层,按照家长文化程度将学生样本进行分层,构造抽样后分层估计量。

3. 某市有两个区,甲区有 N_1 个单元,乙区有 N_2 个单元,$N_1+N_2=N$。采用简单随机抽样方式从甲区中抽取样本,均值估计量为$\hat{\bar{Y}}_1$,方差为 $v(\hat{\bar{Y}}_1)$,从乙区中抽取样本,均值估计量为$\hat{\bar{Y}}_2$,方差为 $v(\hat{\bar{Y}}_2)$。请写出该市均值 $\bar{Y}$ 的估计量及其方差估计 $v(\hat{\bar{Y}})$ 的表达式。

答:该市两个区都采用简单随机抽样,将这两个区看作两个层,两个区的样本组合的总样本就是分层随机样本。因而,总体均值估计量为

$$\hat{\bar{Y}}_{ST}=W_1\hat{\bar{Y}}_1+W_2\hat{\bar{Y}}_2$$

估计量的方差估计为

$$v(\hat{\bar{Y}}_{ST})=W_1^2v(\hat{\bar{Y}}_1)+W_2^2v(\hat{\bar{Y}}_2)$$

其中 $W_1=N_1/N$, $W_2=N_2/N$ 。

4. 在某工业系统所属企业中,中型 100 个、小型 400 个。采用简单随机抽样,以企业为单元,分别从两类企业中抽取 3 个企业和 5 个企业,记录 1990 年的工业总产值(单位:千元)。3 个中型企业分别为 12300、11500、9800;5 个小型企业分别为 3200、5600、2300、4200、3600。试估计工业系统 1990 年的工业总产值。

解:由题可知,把工业系统所属企业总体划分成两层,分别是中型企业和小型企业,$L=2$。总体单元数 $N=500$,各层单元总数分别为 $N_1=100$,$N_2=400$,每层权数分别 $W_1=N_1/N=0.2$,$W_2=N_2/N=0.8$,各层样本量分别为 $n_1=3$,$n_2=5$。第 1 层样本均值和样本方差为

$$\bar{y}_1=\frac{\sum_{i=1}^{n_1}y_{1i}}{n_1}=\frac{12300+11500+9800}{3}=11200$$

$$s_1^2=\frac{\sum_{i=1}^{n_1}(y_{1i}-\bar{y}_1)^2}{n_1-1}=1630000$$

第 2 层样本均值和样本方差为

$$\bar{y}_2=\frac{\sum_{i=1}^{n_2}y_{2i}}{n_2}=\frac{3200+5600+2300+4200+3600}{5}=3780$$

$$s_2^2=\frac{\sum_{i=1}^{n_2}(y_{2i}-\bar{y}_2)^2}{n_2-1}=1512000$$

工业系统 1990 年的工业总产值的估计为

$$\hat{Y}_{ST}=N\sum_{h=1}^{L}W_h\bar{y}_h=500\times(0.2\times11200+0.8\times3780)=2632000$$

工业系统 1990 年的工业总产值估计量的方差估计为

$$v(\hat{Y}_{ST})=N^2\sum_{h=1}^{2}\frac{W_h^2s_h^2}{n_h}\left(1-\frac{n_h}{N_h}\right)=500^2\times\left[\frac{0.2^2\times1630000}{3}\times\left(1-\frac{3}{100}\right)+\frac{0.8^2\times1512000}{5}\times\left(1-\frac{5}{400}\right)\right]=5.3\times10^{10}$$

估计量的标准差估计为

$$\sqrt{v(\hat{Y}_{ST})}=2.3\times10^5$$

从而,该工业系统 1990 年工业总值的估计为 2632000 千元,估计量的方差估计为 5.3×10^{10},估计量的标准差估计为 2.3×10^5 千元。

R语言代码:

```
N=500;
Nh=c(100,400);
W=Nh/N;
nh=c(3,5);
#各层的抽样比为
f=nh/Nh;
#各层的样本为
yh1=c(12300,11500,9800)
yh2=c(3200,5600,2300,4200,3600)
#各层的样本均值和方差为
yhmean=c(mean(yh1),mean(yh2));
s2h=c(var(yh1),var(yh2));
#工业系统1990年的工业总产值的估计为
Y=N*sum(W*yhmean);
#工业系统1990年的工业总产值估计量的方差估计为
vY=N^2*sum(W^2*s2h/nh*(1-f));
#工业系统1990年的工业总产值估计量的标准差估计为
sdvY=sqrt(vY);
```

5. 某厂有三个生产车间,现分别从每个车间中抽取10%的工人,分别为60、50、40,征询工人对该厂某项议案的意见,反对人数所占比例分别为10%、20%、30%,试估计全厂工人反对该项议案的人数所占比例。

解:由题可知,把工厂总体划分成三层$L=3$,每个车间为一层。每层的样本量分别为$n_1=60$, $n_2=50$, $n_3=40$,总样本量为$n=150$。采用样本量按比例分配,第h层权数$W_h=N_h/N=n_h/n$,各层权数分别为$W_1=n_1/n=0.4$, $W_2=n_2/n=0.33$, $W_3=n_3/n=0.27$。各层反对人数所占比例分别为$p_1=0.1$, $p_2=0.2$, $p_3=0.3$。

全厂工人反对该项议案的人数所占比例估计为

$$\hat{P}_{ST}=\sum_{h=1}^{L}W_h p_h$$
$$=0.4\times0.1+0.33\times0.2+0.27\times0.3=18.7\%$$

全厂工人反对该项议案的人数所占比例估计量的方差估计为

$$v(\hat{P}_{st})=\sum_{h=1}^{L}\frac{W_h^2}{n_h}\left(1-\frac{n_h}{N_h}\right)\left[\frac{n_h p_h(1-p_h)}{n_h-1}\right]$$
$$=0.00089$$

估计量的标准差估计为

$$\sqrt{v(\hat{p}_{ST})}=0.030$$

从而，全厂工人反对该项议案的人数所占比例估计为 18.67%，估计量的方差估计为 0.00089。标准差估计为 3.0%。

R 语言代码：

```
＃各层样本量为
nh＝c(60,50,40);
＃总样本量为
n＝sum(nh);
＃各层抽样比为
f＝rep(0.1,3);
＃各层权数为
W＝round(nh/n,2);
＃样本中各层工人反对该项议案的人数所占比例
p＝c(0.1,0.2,0.3);
＃全厂工人反对该项议案的人数所占比例的估计为
Pst＝sum(W * p);
＃全厂工人反对该项议案的人数所占比例估计量的方差估计为
vPst＝sum(W^2/nh * (1－f) * (nh * p * (1－p)/(nh－1)));
＃全厂工人反对该项议案的人数所占比例估计量的标准差估计为
sdvPst＝sqrt(vPst);
```

6. 为了调查某市职工的人均月奖金，按职工所在企业的类型将职工分成 4 层，从各层中以人为单位分别按总体各层人数比例抽取简单随机样本，调查结果见表 3.1。试估计该市职工的人均月奖金，并给出估计的标准差。

表 3.1 职工的人均月奖金调查数据 单位:元

名称	总人数	样本量(人)	样本均值	样本标准差
全民企业	12000	288	255	14
集体企业	8000	192	354	23
合资企业	1000	24	485	44
机关事业单位	4000	96	142	5
合计	25000	600	—	—

解:由题可知,按照企业类型将所有职工划分成四层 $L=4$,总体单元数 $N=25000$,各层单元数依次为 $N_1=12000$, $N_2=8000$, $N_3=1000$, $N_4=4000$,每层权数依次为 $W_1=N_1/N=0.48$, $W_2=N_2/N=0.32$, $W_3=N_3/N=0.04$, $W_4=N_4/N=0.16$,各层样本量依次为 $n_1=288$, $n_2=192$, $n_3=24$, $n_4=96$,各层样本均值依次为 $\bar{y}_1=255$, $\bar{y}_2=354$, $\bar{y}_3=485$, $\bar{y}_4=142$,各层样本标准差依次为 $s_1=14$, $s_2=23$, $s_3=44$, $s_4=5$。该市职工的人均月奖金的估计为

$$\hat{\bar{Y}}_{ST}=\sum_{h=1}^{L}W_h\hat{\bar{Y}}_h=\sum_{h=1}^{L}W_h\bar{y}_h$$
$$=0.48\times255+0.32\times354+0.04\times485+0.16\times142=277.8$$

因为各层抽样比小于 0.05,忽略不计。该市职工的人均月奖金估计量的方差估计为

$$v(\hat{\bar{Y}}_{ST})=\sum_{h=1}^{L}\frac{W_h^2s_h^2}{n_h}$$
$$=\frac{0.48^2\times14^2}{288}+\frac{0.32^2\times23^2}{192}+\frac{0.04^2\times44^2}{24}+\frac{0.16^2\times5^2}{96}=0.57$$

标准差估计为

$$\sqrt{v(\hat{\bar{Y}}_{ST})}=0.76$$

从而,该市职工的人均月奖金的估计为 277.8 元,估计量的方差估计为 0.57,估计量的标准差估计为 0.76 元。

R 语言代码:

```
#各层的职工人数为
Nh=c(12000,8000,1000,4000);
#各层的职工人数为
```

```
N=sum(Nh);
#各层的职工人数为
Wh=Nh/N;
#各层的样本量为
nh=c(288,192,24,96);
#各层的样本均值为
ymean=c(255,354,485,142);
#各层的样本标准差为
sh=c(14,23,44,5);
#该市职工的人均月奖金估计为
Ymean=sum(Wh*ymean);
#该市职工人均月奖金估计量的方差估计为
vY=sum(Wh^2*sh^2/nh);
#该市职工人均月奖金估计量的标准差估计为
sdvY=sqrt(vY);
```

7. 总体分为三层,有关数据如表3.2。为了从各层抽取简单随机样本,试分别按下列要求分别计算所需要的总样本含量和各层样本量(抽样比忽略不计)。

(1)总体均值估计量的方差限度为0.1,并且总调查费用最省;

(2)各层估计量的方差限度都是0.1。

表3.2 第7题的数据

层	单位数比例	标准差	调查费用
1	0.4	2	3
2	0.3	3	2
3	0.3	4	1

解:由题可知,把总体划分成三层 $L=3$,各层权数依次为 $W_1=0.4$, $W_2=0.3$, $W_3=0.3$,各层标准差依次为 $S_1=2$, $S_2=3$, $S_3=4$,各层调查费用依次为 $c_1=3$, $c_2=2$, $c_3=1$。

(1)总体均值估计量的方差限度 $V_{\hat{\bar{Y}}_{ST}}=0.1$。采用样本量最优分配法,使总调查费用最省,则总样本量为

$$n_0=\left[\frac{1}{V_{\hat{\bar{Y}}_{ST}}}\left(\sum_{h=1}^{L}W_hS_h\sqrt{c_h}\right)\left(\sum_{h=1}^{L}\frac{W_hS_h}{\sqrt{c_h}}\right)\right]$$

$$=\left[\frac{1}{0.1}\times(0.4\times2\times\sqrt{3}+0.3\times3\times\sqrt{2}+0.3\times4\times\sqrt{1})\times\left(\frac{0.4\times2}{\sqrt{3}}+\frac{0.3\times3}{\sqrt{2}}+\frac{0.3\times4}{\sqrt{1}}\right)\right]$$

$$=89$$

抽样比可以忽略不计,总样本量为89。各层样本量依次为

$$n_1=\frac{n_0W_1S_1/\sqrt{c_1}}{\sum_{h=1}^{L}W_hS_h/\sqrt{c_h}}=17.9$$

$$n_2=\frac{n_0W_2S_2/\sqrt{c_2}}{\sum_{h=1}^{L}W_hS_h/\sqrt{c_h}}=24.6$$

$$n_3=\frac{n_0W_3S_3/\sqrt{c_3}}{\sum_{h=1}^{L}W_hS_h/\sqrt{c_h}}=46.5$$

若 $n_1=18,\ n_2=25,\ n_3=46$,

$$C_1=c_0+\sum_{h=1}^{3}c_hn_h=c_0+150$$

$$V_1(\hat{\bar{Y}}_{ST})=\sum_{h=1}^{3}\frac{W_h^2S_h^2}{n_h}=0.0993$$

若 $n_1=18,\ n_2=24,\ n_3=47$,

$$C_2=c_0+\sum_{h=1}^{3}c_hn_h=c_0+149$$

$$V_2(\hat{\bar{Y}}_{ST})=\sum_{h=1}^{3}\frac{W_h^2S_h^2}{n_h}=0.0999$$

若 $n_1=17,\ n_2=25,\ n_3=47$,

$$C_3=c_0+\sum_{h=1}^{3}c_hn_h=c_0+148$$

$$V_3(\hat{\bar{Y}}_{ST})=\sum_{h=1}^{3}\frac{W_h^2S_h^2}{n_h}=0.1007$$

由于第三种情况的 $V_3>0.1$,超过误差限度的要求。第一种情况和第二种情况的 V_1,V_2 均小于0.1,符合误差限度的要求。并且 $c_2<c_1$。因而,为了使估计量的方差限度为0.1,需要总样本量为89,各层样本量依次为 $n_1=18,\ n_2=24,\ n_3=47$。

(2)各层估计量的方差限度为 $V<0.1$。每层都采用简单随机抽样,抽样比可以忽略不计,3个层的样本量依次为

$$n_1=S_1{}^2/V=4/0.1=40$$
$$n_2=S_2{}^2/V=9/0.1=90$$
$$n_3=S_3{}^2/V=16/0.1=160$$

总样本量为

$$n=n_1+n_2+n_3=290$$

从而,为了使各层估计量的方差限度都是0.1,需要的总样本量为290,各层的样本量依次为 $n_1=40$, $n_2=90$, $n_3=160$。

R语言代码:

```
#各层权数为
W=c(0.4,0.3,0.3);
#各层标准差为
s=c(2,3,4);
#各层费用为
c=c(3,2,1);
#总体均值估计量的方差限度0.1
Vy=0.1;
#总样本量为
n0=ceiling(sum(W*s*sqrt(c))*sum(W*s/sqrt(c))/Vy);
#各层样本量为
nh=n0*W*s/sqrt(c)/sum(W*s/sqrt(c));
#样本量的情况1:估计量的方差和调查费用
nh1=c(18,25,46);
V1=sum(W^2*s^2/nh1);
C1=sum(nh1*c);
#样本量的情况2:估计量的方差和调查费用
nh2=c(18,24,47);
V2=sum(W^2*s^2/nh2);
C2=sum(nh2*c);
#样本量的情况3:估计量的方差和调查费用
nh3=c(17,25,47);
```

```
V3=sum(W^2 * s^2/nh3);
C3=sum(nh3 * c);
#各层估计量的方差限度 0.1
#各层样本量为
n1=ceiling(s^2/Vy);
#总样本量为
n=sum(n1);
```

8. 某单位欲估计职员的离职意愿,聘请专业公司进行调研。公司职员按高级职称、中级职称和初级职称分为3层,已知层权分别为0.2、0.3、0.5,预先猜测各层比例为0.1、0.2、0.4。如果采用按比例分配的分层随机抽样,要求估计量的方差等于样本量为100的简单随机样本的估计量方差,问样本量应为多少?(不考虑有限总体校正系数)

解:由题可知,把公司职员按照职称划分成三层,$L=3$。三个层的权数依次为$W_1=0.2$, $W_2=0.3$, $W_3=0.5$,三个层比例依次为$P_1=0.1$, $P_2=0.2$, $P_3=0.4$。总体比例为

$$P=\sum_{h=1}^{L}W_h p_h$$
$$=0.1\times0.2+0.2\times0.3+0.4\times0.5=0.28$$

不考虑有限总体校正系数,对于样本量为100的简单随机抽样,简单估计量的方差为

$$V(\hat{P})=\frac{P(1-P)}{n}$$
$$=\frac{0.28\times(1-0.28)}{100}=0.002016$$

不考虑有限总体校正系数,对于样本量按比例分配的分层随机抽样,估计量的方差小于0.002016,需要的总样本量为

$$n_0=\left\lceil\frac{\sum_{h=1}^{3}W_h P_h(1-P_h)}{V(\hat{P})}\right\rceil=93$$

抽样比可以忽略不计,总样本量为93。各层样本量依次为

$$n_1=n_0W_1=18.6$$

$$n_2 = n_0 W_2 = 27.9$$
$$n_3 = n_0 W_3 = 46.5$$

若 $n_1 = 18$，$n_2 = 28$，$n_3 = 47$，

$$V_1(\hat{\bar{Y}}_{ST}) = \sum_{h=1}^{3} \frac{W_h^2 P_h (1 - P_h)}{n_h} = 0.001991$$

若 $n_1 = 19$，$n_2 = 27$，$n_3 = 47$，

$$V_2(\hat{\bar{Y}}_{ST}) = \sum_{h=1}^{3} \frac{W_h^2 P_h (1 - P_h)}{n_h} = 0.002008$$

若 $n_1 = 18$，$n_2 = 28$，$n_3 = 46$，

$$V_3(\hat{\bar{Y}}_{ST}) = \sum_{h=1}^{3} \frac{W_h^2 P_h (1 - P_h)}{n_h} = 0.001999$$

由于 $V_1 < V_3 < V_2$，为了使估计量的方差等于样本量为100的简单随机样本估计量的方差，分层随机抽样需要的总样本量为93，各层样本量依次为 $n_1 = 18$，$n_2 = 28$，$n_3 = 47$。

R语言代码：

```
#各层权数为
W=c(0.2,0.3,0.5);
#各层比例为
Ph=c(0.1,0.2,0.4);
#总体比例为
P=sum(W*Ph);
#简单随机抽样的样本量为
n=100;
#简单估计量的方差为
vP=P*(1-P)/n;
#按比例分配的总样本量为
n0=ceiling(sum(W*Ph*(1-Ph))/vP);
#按比例分配的各层样本量为
nh=n0*W
#样本量的情况1:估计量的方差
nh1=c(18,28,47);
V1=sum(W^2*Ph*(1-Ph)/nh1);
```

```
#样本量的情况 2:估计量的方差
nh2=c(19,28,46);
V2=sum(W^2 * Ph * (1-Ph)/nh2);
#样本量的情况 3:估计量的方差
nh3=c(19,27,47);
V3=sum(W^2 * Ph * (1-Ph)/nh3);
```

9. 某企业有工人 132 人、技术人员 92 人、管理人员 27 人。现欲通过抽样调查估计去年平均每人请假天数,拟采用分层随机抽样。若已知每个工人请假天数的方差为 36、技术人员的方差为 25、管理人员的方差为 9,设样本量 $n=50$,采用奈曼最优分配,计算各层的样本量。

解:由题可知,把企业职工按照工作性质分成三层,$L=3$。三个层的单元总数依次为 $N_1=132$, $N_2=92$, $N_3=27$,总体单元数 $N=251$。三个层的权数依次为 $W_1=N_1/N=0.53$, $W_2=N_2/N=0.37$, $W_3=N_3/N=0.11$,三个层的方差依次为 $S_1^2=36$, $S_2^2=25$, $S_3^2=9$。总样本量 $n=50$。

采用奈曼最优分配,各层样本量为

$$n_1=\frac{nW_1S_1}{\sum_{h=1}^{L}W_hS_h}=29.7$$

$$n_2=\frac{nW_2S_2}{\sum_{h=1}^{L}W_hS_h}=17.2$$

$$n_3=\frac{nW_3S_3}{\sum_{h=1}^{L}W_hS_h}=3.1$$

若 $n_1=29$, $n_2=17$, $n_3=4$,

$$V_1(\hat{\bar{Y}}_{ST})=\sum_{h=1}^{3}\frac{W_h^2S_h^2}{n_h}\left(1-\frac{n_h}{N_h}\right)=0.4694$$

若 $n_1=29$, $n_2=18$, $n_3=3$,

$$V_2(\hat{\bar{Y}}_{ST})=\sum_{h=1}^{3}\frac{W_h^2S_h^2}{n_h}\left(1-\frac{n_h}{N_h}\right)=0.4573$$

若 $n_1=30$, $n_2=17$, $n_3=3$,

$$V_3(\hat{\bar{Y}}_{ST})=\sum_{h=1}^{3}\frac{W_h^2S_h^2}{n_h}\left(1-\frac{n_n}{N_h}\right)=0.4569$$

由于 $V_3<V_2<V_1$,为了使估计量的方差最小,总样本量为 50 的情况下,各层

样本量依次为 $n_1=30$，$n_2=17$，$n_3=3$。

R 语言代码:

```
#各层单元数为
Nh=c(132,92,27);
#总单元数为
N=sum(Nh);
#各层权数为
Wh=round(Nh/N,2);
#各层方差为
S2=c(36,25,9);
#总样本量为
n=50;
#各层的样本量为
nh=n*Wh*sqrt(S2)/sum(Wh*sqrt(S2));
#各层样本量为 29,17,4 时,平均每人请假天数估计量的方差估计为
n1=c(29,17,4);
V1=sum(Wh^2*S2/n1*(1-n1/Nh));
#各层样本量为 29,18,3 时,平均每人请假天数估计量的方差估计为
n2=c(29,18,3);
V2=sum(Wh^2*S2/n2*(1-n2/Nh));
#各层样本量为 30,17,3 时,平均每人请假天数估计量的方差估计为
n3=c(30,17,3);
V3=sum(Wh^2*S2/n3*(1-n3/Nh));
```

10. 为了调查很大总体中具有某种特征单元所占比例,将总体划分为三层,三个层的单元数占总体单元总数的比例分别为 $W_1=0.5$、$W_2=0.3$、$W_3=0.2$,具有某种特征单元所占比例的预估计分别为 $p_1=0.52$、$p_2=0.4$、$p_3=0.6$。若采用样本量按比例分配,试计算分层随机抽样的样本量,使得分层随机抽样的均值估计量与样本量 $n=600$ 的简单随机抽样的均值估计量的精度相同。

解: 由题可知,总体被划分成三层,$L=3$。三个层的权数依次为 $W_1=0.5$,$W_2=0.3$,$W_3=0.2$,三个层的比例依次为 $P_1=0.52$,$P_2=0.4$,$P_3=0.6$。总体比例为

$$P=\sum_{h=1}^{L}W_h p_h$$

$$=0.52\times0.5+0.4\times0.3+0.6\times0.2=0.50$$

各层抽样比忽略不计,对于样本量为 600 的简单随机抽样,简单估计量的方差为

$$V(\hat{P})=\frac{P(1-P)}{n}$$

$$=\frac{0.5\times(1-0.5)}{600}=0.0004166667$$

抽样比忽略不计,对于样本量按比例分配的分层随机抽样,估计量的方差小于 0.0004166667,需要的总样本量为

$$n_0=\left\lceil\frac{\sum_{h=1}^{3}W_hP_h(1-P_h)}{V(\hat{P})}\right\rceil=588$$

抽样比可以忽略不计,总样本量为 588。各层样本量依次为

$$n_1=n_0W_1=294.0$$

$$n_2=n_0W_2=176.4$$

$$n_3=n_0W_3=117.6$$

若 $n_1=294,\ n_2=176,\ n_3=118$,

$$V_1(\hat{\bar{Y}}_{ST})=\sum_{h=1}^{3}\frac{W_h^2P_h(1-P_h)}{n_h}=0.000416328$$

若 $n_1=294,\ n_2=177,\ n_3=117$,

$$V_2(\hat{\bar{Y}}_{ST})=\sum_{h=1}^{3}\frac{W_h^2P_h(1-P_h)}{n_h}=0.000416330$$

由于 $V_1<V_2$,为了使估计量的方差等于样本量为 600 的简单随机样本估计量的方差,分层随机抽样需要的总样本量为 588,各层样本量依次为 $n_1=294,\ n_2=176,\ n_3=118$。

R 语言代码:

```
#各层权数为
Wh=c(0.5,0.3,0.2);
#各层比例为
Ph=c(0.52,0.4,0.6);
```

```
#总体比例为
P=sum(Wh*Ph)
#简单随机抽样的样本量为
n=600;
#简单随机样本的方差
vP=P*(1-P)/n;
#分层随机抽样的总样本量为
n0=ceiling(sum(Wh*Ph*(1-Ph))/vP);
#按比例分配的各层样本量为
nh=n0*Wh
#样本量的情况1:估计量的方差
nh1=c(294,176,118);
V1=sum(Wh^2*Ph*(1-Ph)/nh1);
#样本量的情况2:估计量的方差
nh2=c(294,177,117);
V2=sum(Wh^2*Ph*(1-Ph)/nh2);
```

11. 某工厂生产的机器销售给全国219家用户。现在欲调查用户对该厂机器的满意度评分,把全部用户划分为本地区、本省外地区以及外省地区,相关数据见表3.3。其中C_h为在第h层中调查一个用户的平均费用。要求平均评分值估计量的方差限度为0.1,并且总调查费用最省,其中总调查费用为样本量的线性函数,$c_0=0$。试计算总样本量n以及各层样本量,给出最低费用。

表3.3 第11题的数据

本地区	本省外地区	外省地区
$N_1=112$	$N_2=68$	$N_3=39$
$S_1^2=2.25$	$S_2^2=3.24$	$S_3^2=3.24$
$c_1=9$	$c_2=25$	$c_3=36$

解:由题可知,把全部用户按照地理位置划分成三层,$L=3$。三个层的单元总数依次为$N_1=112$,$N_2=68$,$N_3=39$,总单元数$N=219$。三个层的权数依次为$W_1=N_1/N=0.51$,$W_2=N_2/N=0.31$,$W_3=N_3/N=0.18$,三个层中每个单元的

调查费用依次为 $c_1=9$, $c_2=25$,$c_3=36$,固定调查费用 $c_0=0$。三个层方差依次为 $S_1^2=2.25$, $S_2^2=3.24$, $S_3^2=3.24$。给定平均评分值估计量的方差限度为 $V_{\hat{\bar{Y}}_{ST}}=0.1$,为了使调查费用最低,应该采用样本量的最优分配方法,总样本量为

$$n_0=\left\lceil\frac{1}{V_{\hat{\bar{Y}}_{ST}}}\left(\sum_{h=1}^{L}W_hS_h\sqrt{c_h}\right)\left(\sum_{h=1}^{L}\frac{W_hS_h}{\sqrt{c_h}}\right)\right\rceil=30$$

抽样比 $f=n_0/N=30/219=0.14$ 较大,调整后的样本量为

$$n=\left\lceil\frac{n_0}{1+\frac{1}{NV_{\hat{\bar{Y}}_{ST}}}\left(\sum_{h=1}^{L}W_hS_h^2\right)}\right\rceil=27$$

总样本量为 27,各层样本量依次为

$$n_1=\frac{nW_1S_1/\sqrt{c_1}}{\sum_{h=1}^{L}W_hS_h/\sqrt{c_h}}=16.4$$

$$n_2=\frac{nW_2S_2/\sqrt{c_2}}{\sum_{h=1}^{L}W_hS_h/\sqrt{c_h}}=7.1$$

$$n_3=\frac{nW_3S_3/\sqrt{c_3}}{\sum_{h=1}^{L}W_hS_h/\sqrt{c_h}}=3.4$$

若 $n_1=16$, $n_2=8$, $n_3=3$,

$$C_1=c_0+\sum_{h=1}^{3}c_hn_h=452$$

$$V_1(\hat{\bar{Y}}_{ST})=\sum_{h=1}^{3}\frac{W_h^2S_h^2}{n_h}\left(1-\frac{n_h}{N_h}\right)=0.098$$

若 $n_1=17$, $n_2=7$, $n_3=3$,

$$C_2=c_0+\sum_{h=1}^{3}c_hn_h=436$$

$$V_2(\hat{\bar{Y}}_{ST})=\sum_{h=1}^{3}\frac{W_h^2S_h^2}{n_h}\left(1-\frac{n_h}{N_h}\right)=0.101$$

若 $n_1=16$, $n_2=7$, $n_3=4$,

$$C_3=c_0+\sum_{h=1}^{3}c_hn_h=463$$

$$V_3(\hat{\bar{Y}}_{ST})=\sum_{h=1}^{3}\frac{W_h^2S_h^2}{n_h}\left(1-\frac{n_h}{N_h}\right)=0.095$$

由于第二种情况的 $V_2 > 0.1$，超过误差限度的要求。第一种情况和第三种情况的 V_1, V_2 均小于 0.1，符合误差限度的要求。并且 $C_1 < C_3$。因而，为了使估计量的方差限度为 0.1，需要总样本量为 27，各层样本量依次为 $n_1 = 16,\ n_2 = 8,\ n_3 = 3$。

R 语言代码：

```
#各层单元数为
Nh=c(112,68,39);
#总单元数为
N=sum(Nh);
#各层权数为
Wh=Nh/sum(Nh);
#各层的方差为
Sh2=c(2.25,3.24,3.24);
#各层的调查费用为
Ch=c(9,25,36);
#估计量的方差限度为
Vy=0.1;
#忽略抽样比时的样本量
n0=ceiling(sum(Wh*sqrt(Sh2)*sqrt(Ch))/Vy*sum(Wh*sqrt(Sh2)/
sqrt(Ch)));
#抽样比
f=n0/N;
#抽样比高时的调整样本量
n=ceiling(n0/(1+sum(Wh*Sh2)/(N*Vy)));
#各层的样本量
nh=n*(Wh*sqrt(Sh2)/sqrt(Ch))/sum(Wh*sqrt(Sh2)/sqrt(Ch));
#各层样本量分别为 16,8,3 时,估计量的方差和调查费用为
n1=c(16,8,3);
V1=sum(Wh^2*Sh2/n1*(1-n1/Nh));
c1=sum(n1*Ch)+0;
#各层样本量分别为 17,7,3 时,估计量的方差和调查费用为
n2=c(17,7,3);
V2=sum(Wh^2*Sh2/n2*(1-n2/Nh));
```

```
c2=sum(n2*Ch)+0;
#各层样本量分别为16,7,4时,估计量的方差和调查费用为
n3=c(16,7,4);
V3=sum(Wh^2*Sh2/n3*(1-n3/Nh));
c3=sum(n3*Ch)+0;
```

12. 某县有4个乡,共有农户10万户。分别用简单随机抽样从每个乡中以户为单元抽取样本,估计全县的平均每户收入。调查经费预算3000元,试计算全县以及各乡需要抽取多少农户使估计量的方差最小。(已知:调查所需的固定费用为800元,各乡农户数之比分别为40%、30%、20%、10%,调查各乡农户所需要的平均费用分别为9元、16元、4元、4元,各乡农户年收入的方差估计分别为640000、230400、250000、810000)

解:由题可知,把四个乡划分成四层,$L=4$。总体单元数 $N=100000$,四个层的权数依次为 $W_1=0.4$,$W_2=0.3$,$W_3=0.2$,$W_4=0.1$,四个层的方差依次为 $S_1^2=640000$,$S_2^2=230400$,$S_3^2=250000$,$S_4^2=810000$,四个层的调查费用依次为 $c_1=9$,$c_2=16$,$c_3=4$,$c_4=4$,调查所需的固定费用 $c_0=800$。调查经费额度预算为 $C_{\hat{\bar{Y}}_{ST}}=3000$,为使估计量的方差最小,采用样本量的最优分配方法,满足要求的总样本量

$$n_0=\left\lceil\frac{(C_{\hat{\bar{Y}}_{ST}}-c_0)\sum_{h=1}^{L}W_hS_h/\sqrt{c_h}}{\sum_{h=1}^{L}W_hS_h\sqrt{c_h}}\right\rceil=273$$

抽样比 $f=n_0/N=273/100000=0.00273$ 较小,抽样比忽略不计,确定的总样本量273,各层样本量依次为

$$n_1=\frac{n_0W_1S_1/\sqrt{c_1}}{\sum_{h=1}^{L}W_hS_h/\sqrt{c_h}}=122.5$$

$$n_2=\frac{n_0W_2S_2/\sqrt{c_2}}{\sum_{h=1}^{L}W_hS_h/\sqrt{c_h}}=41.4$$

$$n_3=\frac{n_0W_3S_3/\sqrt{c_3}}{\sum_{h=1}^{L}W_hS_h/\sqrt{c_h}}=57.4$$

$$n_4=\frac{n_0 W_4 S_4/\sqrt{c_4}}{\sum_{h=1}^{L} W_h S_h/\sqrt{c_h}}=51.7$$

若 $n_1=122$，$n_2=41$，$n_3=58$，$n_4=52$，

$$C_1=c_0+\sum_{h=1}^{L} c_h n_h=2994$$

$$V_1(\hat{\bar{Y}}_{ST})=\sum_{h=1}^{L}\frac{W_h^2 S_h^2}{n_h}=1673.28$$

若 $n_1=122$，$n_2=42$，$n_3=57$，$n_4=52$，

$$C_2=c_0+\sum_{h=1}^{L} c_h n_h=3006$$

$$V_2(\hat{\bar{Y}}_{ST})=\sum_{h=1}^{L}\frac{W_h^2 S_h^2}{n_h}=1664.27$$

若 $n_1=122$，$n_2=42$，$n_3=58$，$n_4=51$，

$$C_3=c_0+\sum_{h=1}^{L} c_h n_h=3006$$

$$V_3(\hat{\bar{Y}}_{ST})=\sum_{h=1}^{L}\frac{W_h^2 S_h^2}{n_h}=1664.30$$

若 $n_1=123$，$n_2=41$，$n_3=58$，$n_4=51$，

$$C_4=c_0+\sum_{h=1}^{L} c_h n_h=2999$$

$$V_4(\hat{\bar{Y}}_{ST})=\sum_{h=1}^{L}\frac{W_h^2 S_h^2}{n_h}=1669.48$$

若 $n_1=123$，$n_2=42$，$n_3=57$，$n_4=51$，

$$C_5=c_0+\sum_{h=1}^{L} c_h n_h=3011$$

$$V_5(\hat{\bar{Y}}_{ST})=\sum_{h=1}^{L}\frac{W_h^2 S_h^2}{n_h}=1660.50$$

若 $n_1=123$，$n_2=41$，$n_3=57$，$n_4=52$，

$$C_6=c_0+\sum_{h=1}^{L} c_h n_h=2999$$

$$V_6(\hat{\bar{Y}}_{ST})=\sum_{h=1}^{L}\frac{W_h^2 S_h^2}{n_h}=1669.51$$

由于第二种、第三种和第五种情况的调查费用 C_2,C_3,C_5 超过 3000，不满足调

查费用额度限制。相比较，$V_4 < V_6 < V_1$。因而，满足调查经费额度预算为3000，估计量的方差最小，样本量最优分配的分层随机抽样需要的总样本量为273，各层样本量依次为 $n_1=123$，$n_2=41$，$n_3=57$，$n_4=52$。

R 语言代码:

```
#总体单元数为
N=100000;
#各层权数为
Wh=c(0.4,0.3,0.2,0.1);
#各层方差为
Sh2=c(640000,230400,250000,810000);
#各层调查费用为
ch=c(9,16,4,4);
#固定调查费用为
c0=800;
#调查费用额度限制为
C=3000;
#样本总量为
n0=ceiling((C-c0)*sum(Wh*sqrt(Sh2)/sqrt(ch))/sum(Wh*sqrt(Sh2)*sqrt(ch)));
#各层的样本量依次为
nh=n0*Wh*sqrt(Sh2)/sqrt(ch)/sum(Wh*sqrt(Sh2)/sqrt(ch));
#各层样本量分别为n1时的调查费用和估计量的方差为
n1=c(122,41,58,52);
C1=c0+sum(ch*n1);
V1=sum(Wh^2*Sh2/n1);
#各层样本量分别为n2时的调查费用和估计量的方差为
n2=c(122,42,57,52);
C2=c0+sum(ch*n2);
V2=sum(Wh^2*Sh2/n2);
#各层样本量分别为n3时的调查费用和估计量的方差为
n3=c(122,42,58,51);
C3=c0+sum(ch*n3);
```

```
V3=sum(Wh^2*Sh2/n3);
#各层样本量分别为n4时的调查费用和估计量的方差为
n4=c(123,41,57,52);
C4=c0+sum(ch*n4);
V4=sum(Wh^2*Sh2/n4);
#各层样本量分别为n5时的调查费用和估计量的方差为
n5=c(123,42,57,51);
C5=c0+sum(ch*n5);
V5=sum(Wh^2*Sh2/n5);
#各层样本量分别为n6时的调查费用和估计量的方差为
n6=c(123,41,58,51);
C6=c0+sum(ch*n6);
V6=sum(Wh^2*Sh2/n6);
```

13. 已知总体的数据如表3.4。拟估计总体均值，精度要求估计量的方差不超过0.1。若进行分层随机抽样，分别采用样本量按奈曼最优分配和样本量按比例分配，分别计算总样本量和各层样本量。

表3.4　第13题的总体数据

层号	各层总体单元数	各层标准差
1	250	10
2	750	8
合计	1000	—

解：由题可知，总体被划分成两层，$L=2$。总体单元数 $N=1000$，两个层权数依次为 $W_1=0.25$，$W_2=0.75$，两个层单元数依次为 $N_1=250$，$N_2=750$，两个层标准差依次为 $S_1=10$，$S_2=8$。估计量的方差限度 $V_{\hat{\bar{Y}}_{ST}}=0.1$。

采用样本量奈曼最优分配，满足估计量方差精度要求的总样本量为

$$n_0=\left\lceil\frac{\left(\sum_{h=1}^{L}W_hS_h\right)^2}{V_{\hat{\bar{Y}}_{ST}}}\right\rceil=723$$

由于抽样比 $f=n_0/N=723/1000=0.723$ 较大，调整的总样本量为

$$n=\frac{n_0}{1+\left(\sum_{h=1}^{L}W_hS_h^2\right)/\left(NV_{\hat{\bar{Y}}_{ST}}\right)}=418$$

满足估计量方差限度要求的总样本量为 418,各层样本量依次为

$$n_1=\frac{nW_1S_1}{\sum_{h=1}^{L}W_hS_h}=122.9$$

$$n_2=\frac{nW_2S_2}{\sum_{h=1}^{L}W_hS_h}=295.1$$

若 $n_1=123$, $n_2=295$,

$$V_1(\hat{\bar{Y}}_{ST})=\sum_{h=1}^{L}\frac{W_h^2S_h^2}{n_h}\left(1-\frac{n_h}{N_h}\right)=0.099847$$

若 $n_1=122$, $n_2=296$,

$$V_2(\hat{\bar{Y}}_{ST})=\sum_{h=1}^{L}\frac{W_h^2S_h^2}{n_h}\left(1-\frac{n_h}{N_h}\right)=0.099851$$

由于 $V_1<V_2$,满足估计量的方差限度要求,样本量按奈曼最优分配的分层随机抽样的总样本量为 418,两个层样本量依次为 $n_1=123$, $n_2=295$。

采用样本量按比例分配,满足估计量方差精度要求的总样本量为

$$n_0=\left\lceil\frac{\sum_{h=1}^{L}W_hS_h^2}{V_{\hat{\bar{Y}}_{ST}}}\right\rceil=730$$

由于抽样比 $f=n_0/N=730/1000=0.73$ 较大,调整的总样本量为

$$n=\frac{n_0}{1+\left(\sum_{h=1}^{L}W_hS_h^2\right)/\left(NV_{\hat{\bar{Y}}_{ST}}\right)}=422$$

满足估计量方差限度要求的总样本量为 422,各层样本量依次为

$$n_1=\frac{nW_1S_1}{\sum_{h=1}^{L}W_hS_h}=105.5$$

$$n_2=\frac{nW_2S_2}{\sum_{h=1}^{L}W_hS_h}=316.5$$

若 $n_1=105$, $n_2=317$,

$$V_1(\hat{\bar{Y}}_{ST})=\sum_{h=1}^{L}\frac{W_h^2S_h^2}{n_h}\left(1-\frac{n_h}{N_h}\right)=0.10009$$

若 $n_1=106$，$n_2=316$，

$$V_2(\hat{\bar{Y}}_{ST})=\sum_{h=1}^{L}\frac{W_h^2S_h^2}{n_h}\left(1-\frac{n_h}{N_h}\right)=0.09989$$

由于 $V_2<V_1$，满足估计量的方差限度要求，样本量按比例分配的分层随机抽样的总样本量为 418，两个层样本量依次为 $n_1=106$，$n_2=316$。

R 语言代码：

```
#各层单元数为
Nh=c(250,750);
#总体单元数为
N=sum(Nh);
#各层权数为
Wh=Nh/N;
#各层标准差为
Sh=c(10,8);
#估计量方差限度为
vY=0.1;
#采用奈曼最优分配时，总样本量为
n0=ceiling((sum(Wh*Sh))^2/vY);
#抽样比大于 0.05 不可忽略时，调整总样本量为
n=ceiling(n0/(1+(sum(Wh*Sh^2))/(sum(N*vY))));
#各层样本量为
nh=n*Wh*Sh/sum(Wh*Sh);
#当各层样本量为 123,295 时，估计量的方差为
n1=c(123,295);
V1=sum(Wh^2*Sh^2/n1*(1-n1/Nh));
#当各层样本量为 122,296 时，估计量的方差为
n2=c(122,296);
V2=sum(Wh^2*Sh^2/n2*(1-n2/Nh));
#若采用按比例分配时，总样本量为
n0p=ceiling(sum(Wh*Sh^2)/vY);
```

```
#调整总样本量为
nph=ceiling(n0p/(1+(sum(Wh*Sh^2))/(N*vY)));
#各层样本量为
nh=np*Wh;
#当各层样本量为105,317时,估计量的方差为
n1p=c(105,317);
V1p=sum(Wh^2*Sh^2/n1p*(1-n1p/Nh));
#当各层样本量为106,316时,估计量的方差为
n2p=c(106,316)
V2p=sum(Wh^2*Sh^2/n2p*(1-n2p/Nh));
```

14. 总体包括两层,各层的权数 W_h 和标准差 S_h 见表 3.5。现分别从两层中抽取简单随机样本,试按下列要求计算所需的总样本量和各层样本量 n_1,n_2,其中比值 n_1/N_1 和 n_2/N_2 忽略不计。(1) 总体均值估计量的标准误是 0.1,总样本量 $n=n_1+n_2$ 最小,假设各层每个单元的调查费用相同。(2) 总体均值估计量的标准误是 0.1,总调查费用最省,第 1 层每个单元的调查费用为 16,第 2 层每个单元调查费用为 4。(3) 每层均值估计量的标准误为 0.1。(4) 如果总样本量 $n=100$,分别选用样本量等额分配、样本量按比例分配、样本量奈曼最优分配,计算总体均值估计量的方差。

表 3.5 第 14 题的数据

层	W_h	S_h
1	0.8	2
2	0.2	4

解:由题可知,总体被划分成两个层,$L=2$。两个层的权数依次为 $W_1=0.8$,$W_2=0.2$,两个层的标准差依次为 $S_1=2$,$S_2=4$。估计量的方差界限 $V_{\hat{\bar{Y}}_{ST}}=0.1$,抽样比忽略不计。

(1)总体均值估计量的标准误是 0.1,总样本量 $n=n_1+n_2$ 最小,假设各层每个单元的调查费用相同,满足精度要求的总样本量为

$$n_0=\left\lceil \frac{1}{V_{\hat{\bar{Y}}_{ST}}}\left(\sum_{h=1}^{L}W_hS_h\right)^2\right\rceil=576$$

各层的样本量为

$$n_1=\frac{n_0W_1S_1}{\sum_{h=1}^{L}W_hS_h}=384$$

$$n_2=\frac{n_0W_2S_2}{\sum_{h=1}^{L}W_hS_h}=192$$

估计量的方差为

$$V_1(\hat{\bar{Y}}_{ST})=\sum_{h=1}^{L}W_h^2S_h^2/n_h=0.01$$

从而，总体均值估计量的标准误是0.1，总样本量$n=n_1+n_2$最小，假设各层每个单元的调查费用相同，满足要求的总样本量为576，两个层的样本量依次为$n_1=384$，$n_2=192$。

(2)总体均值估计量的标准误是0.1，总调查费用最省，第1层每个单元的调查费用为16，第2层每个单元调查费用为4，满足精度要求的总样本量为

$$n_0=\left\lceil\frac{1}{V_{\hat{\bar{Y}}_{ST}}}\left(\sum_{h=1}^{L}W_hS_h\sqrt{c_h}\right)\left(\sum_{h=1}^{L}W_hS_h/\sqrt{c_h}\right)\right\rceil=640$$

各层的样本量为

$$n_1=\frac{n_0W_1S_1/\sqrt{c_1}}{\sum_{h=1}^{L}W_hS_h/\sqrt{c_h}}=320$$

$$n_2=\frac{n_0W_2S_2/\sqrt{c_2}}{\sum_{h=1}^{L}W_hS_h/\sqrt{c_h}}=320$$

估计量的方差为

$$V_1(\hat{\bar{Y}}_{ST})=\sum_{h=1}^{L}W_h^2S_h^2/n_h=0.01$$

调查费用为

$$C=c_0+\sum_{h=1}^{L}c_hn_h=c_0+6400$$

从而，总体均值估计量的标准误是0.1，总调查费用最省，第1层每个单元的调查费用为16，第2层每个单元调查费用为4，满足要求的总样本量为640，两个层的样本量依次为$n_1=320$，$n_2=320$。

(3)每层均值估计量的标准误为0.1，满足精度要求的样本量为

$$n_1=\frac{S_1^2}{V_{\hat{\bar{Y}}_1}}=400$$

$$n_2=\frac{S_2^2}{V_{\hat{\bar{Y}}_2}}=1600$$

总样本量为

$$n_0=n_1+n_2=2000$$

从而,每层均值估计量的标准误为 0.1,满足精度要求的总样本量为 2000,两个层的样本量依次为 $n_1=400$, $n_2=1600$。

(4)如果总样本量 $n=100$,分别选用样本量等额分配、样本量按比例分配、样本量奈曼最优分配,计算总体均值估计量的方差。

选用样本量等额分配,则两个层的样本量依次为 $n_1=50$, $n_2=50$,总体均值估计量的方差为

$$V_{41}(\hat{\bar{Y}}_{ST})=\sum_{h=1}^{L}W_h^2S_h^2/n_h=0.064$$

选用样本量按比例分配,则两个层的样本量依次为 $n_1=80$, $n_2=20$,总体均值估计量的方差为

$$V_{42}(\hat{\bar{Y}}_{ST})=\sum_{h=1}^{L}W_h^2S_h^2/n_h=0.064$$

采用样本量按奈曼最优分配,忽略抽样比,则两个层的样本量依次为

$$n_1=\frac{nW_1S_1}{\sum_{h=1}^{L}W_hS_h}=67$$

$$n_2=\frac{nW_2S_2}{\sum_{h=1}^{L}W_hS_h}=33$$

估计量的方差为

$$V_{43}(\hat{\bar{Y}}_{ST})=\sum_{h=1}^{L}W_h^2S_h^2/n_h=0.0576$$

从而,给定总样本量 $n=100$,选用样本量等额分配,总体均值估计量的方差为 0.064,选用样本量按比例分配,总体均值估计量的方差为 0.064,采用样本量按奈曼最优分配,总体均值估计量的方差为 0.0576。给定总样本量,样本量选用奈曼最优分配的情形下的总体均值估计量的方差最小,小于样本量等额分配和样本量按比例分配的情形。

R 语言代码：

```
#各层的权数为
Wh=c(0.8,0.2);
#各层的标准差为
Sh=c(2,4);
#估计量的标准误为
sdy=0.1;
#样本量按奈曼最优分配,忽略抽样比,总样本量为
n01=ceiling((sum(Wh * Sh))^2/sdy^2);
#各层的样本量为
nh1=n01 * Wh * Sh/sum(Wh * Sh);
#样本量为 384,192,忽略抽样比,则总样本量的方差为
nh01=c(384,192)
vY01=sum(Wh^2 * Sh^2/nh01);
#各层的调查费用为
ch=c(16,4);
#样本量按最优分配方法,忽略抽样比,总样本量为
n0=ceiling(sum(Wh * Sh * sqrt(ch)) * sum(Wh * Sh/sqrt(ch))/sdy^2);
#各层样本量为
nh2=n0 * Wh * Sh/sqrt(ch)/sum(Wh * Sh/sqrt(ch));
#估计量的方差和调查费用
V1=sum(Wh^2 * Sh^2/nh2);
C1=sum(nh2 * ch);
#采用简单随机抽样,忽略抽样比,则总样本量为
nh3=ceiling(Sh^2/sdy^2);
#样本量为 nh41=c(50,50)时,总体均值估计量的方差为
nh41=c(50,50);
V41=sum(Wh^2 * Sh^2/nh41);
#样本量为 nh42=Wh * 100 时,总体均值估计量的方差为
nh42=Wh * 100;
V42=sum(Wh^2 * Sh^2/nh42);
#样本量为 nh43=100 * Wh * Sh/sum(Wh * Sh)时,总体均值估计量的方差为
nh43=round(100 * Wh * Sh/sum(Wh * Sh));
```

V43=sum(Wh^2 * Sh^2/nh43);

15. 某公司进行财务审计,对原始凭证进行审核。公司出纳 A 登记的原始凭证占 70%,出纳 B 登记的原始凭证占 30%,审计人员从原始凭证中随机抽出 100 份,其中出纳 A、B 登记的原始凭证数分别为 43 份和 57 份,发现错误的凭证数分别为 1 份和 2 份。

(1)用简单随机抽样的简单估计量公式估计登记原始凭证的差错率及其标准差。

(2)用抽样后分层的估计量公式估计登记原始凭证的差错率及其标准差。有限总体校正系数 $1-f\approx 1$。

解:由题可知,公司出纳登记的原始凭证划分成两层,$L=2$。两个层的权数依次为 $W_1=0.7$, $W_2=0.3$,两个层的样本量依次为 $n_1=43$, $n_2=57$,总样本量 $n=100$,两个层的发现错误凭证数依次为 $a_1=1$, $a_2=2$。

(1)将样本看作简单随机样本,差错率的估计为

$$\hat{P}=\frac{a}{n}=\frac{a_1+a_2}{n_1+n_2}=\frac{1+2}{43+57}=0.03$$

差错率估计量的方差估计

$$v(\hat{P})=\frac{1}{n}\frac{n\hat{P}(1-\hat{P})}{n-1}=0.000294$$

差错率估计量的标准差估计为

$$\sqrt{v(\hat{P})}=0.017$$

将样本看作简单随机样本,原始凭证差错率的估计为 0.03,方差估计为 0.000294,标准差估计为 0.017。

(2)采用事后分层,差错率的估计为

$$\hat{P}_{PST}=\sum_{h=1}^{L}W_h\hat{P}_h=\frac{1}{43}\times 70\%+\frac{2}{57}\times 30\%=0.027$$

差错率估计量的方差估计为

$$v(\hat{P}_{PST})=\frac{\sum_{h=1}^{L}W_h s_h^2}{n}+\frac{\sum_{h=1}^{L}(1-W_h)s_h^2}{n^2}=0.000269$$

差错率估计量的标准差估计为

$$\sqrt{v(\hat{P}_{PST})}=0.0164$$

采用抽样后分层，差错率的估计为0.027，估计量的方差估计为0.000269，标准差估计为0.0164。

R 语言代码：

```
#各层的权数为
Wh=c(0.7,0.3);
#各层的样本单元数为
nh=c(43,57);
#总样本量为
n=sum(nh);
#各层的C类单元数为
ch=c(1,2);
#采用简单随机抽样，差错率的估计值为
Phat=sum(ch)/sum(nh);
#差错率估计量的方差估计为
vP=1/n*(n*Phat*(1-Phat)/(n-1));
#差错率估计量的标准差估计为
sdvP=sqrt(vP);
#各层的样本差错率为
ph=ch/nh;
#用抽样后分层的估计量公式估计登记原始凭证的差错率为
Pst=sum(ph*Wh);
#差错率估计量的方差估计为
vPst=sum(Wh*nh*ph*(1-ph)/(nh-1))/n+sum((1-Wh)*nh*ph
*(1-ph)/(nh-1))/n^2;
#差错率估计量的标准差估计为
sdvPst=sqrt(vPst);
```

16. 总体包括两层，总体方差为64，抽样精度要求估计量的方差不超过0.1，且抽样比可以忽略不记，各层数据如表3.6。若采用分层随机抽样，各层样本量数按0.8和0.2比例分配，或者按奈曼最优分配，试比较这两种方法与采用简单随机抽样的差别,试通过具体计算来说明。

表 3.6 第 16 题的数据

层	各层权数	各层标准差
1	0.8	4
2	0.2	16
合计	1.0	—

解:由题可知,总体被划分成两个层,$L=2$。两个层的权数依次为 $W_1=0.8$,$W_2=0.2$,两个层的标准差依次为 $S_1=4$,$S_2=16$,总体方差为 $S^2=64$。估计量的方差界限 $V_{\hat{\bar{Y}}_{ST}}=0.1$,抽样比忽略不计。

采用样本量按比例分配,忽略抽样比,满足精度要求的总样本量为

$$n_0=\left\lceil\frac{\sum\limits_{h=1}^{L}W_hS_h^2}{V_{\hat{\bar{Y}}_{ST}}}\right\rceil=640.$$

各层的样本量为

$$n_1=n_0W_1=512$$
$$n_2=n_0W_2=128$$

总体均值估计量的方差为

$$V(\hat{\bar{Y}}_{ST})=\sum_{h=1}^{L}W_h^2S_h^2/n_h=0.1$$

从而,若样本量按比例分配,满足估计量的方差界限 0.1 要求的总样本量为 640,两个层的样本量依次为 $n_1=512$,$n_2=128$。

采用样本量按奈曼最优分配,忽略抽样比,满足精度要求的总样本量为

$$n_0=\left\lceil\frac{1}{V_{\hat{\bar{Y}}_{ST}}}\left(\sum_{h=1}^{2}W_hS_h\right)^2\right\rceil=410$$

各层的样本量为

$$n_1=\frac{n_0W_1S_1}{\sum\limits_{h=1}^{L}W_hS_h}=205$$

$$n_2=\frac{n_0W_2S_2}{\sum\limits_{h=1}^{L}W_hS_h}=205$$

总体均值估计量的方差为

$$V(\hat{\bar{Y}}_{ST})=\sum_{h=1}^{L}W_h^2S_h^2/n_h=0.0999$$

从而，若样本量按奈曼最优分配，满足估计量的方差界限 0.1 要求的总样本量为 410，两个层的样本量依次为 $n_1=205$，$n_2=205$。

采用简单随机抽样，忽略抽样比，则总样本量为

$$n=\left\lceil\frac{S^2}{V_{\hat{\bar{Y}}}}\right\rceil$$

$$=\left\lceil\frac{64}{0.1}\right\rceil=640$$

若采用简单随机抽样，满足估计量的方差界限 0.1 要求的总样本量为 640。

三种情况之间的区别：在满足估计量的方差界限 0.1 的情况下，样本量按奈曼最优分配的分层随机抽样要求的样本量最小。样本量按比例分配的分层随机抽样要求的样本量不大于简单随机抽样需要的样本量。对于这道题目，样本量按比例分配的分层随机抽样要求的样本量与简单随机抽样需要的样本量相同。这是由各层样本量、各层权数和总体方差决定的。

R 语言代码：

```
#各层的权数为
Wh=c(0.8,0.2);
#各层的标准差为
Sh=c(4,16);
#总体方差为
S2=64;
#估计量方差限度为
Vy=0.1;
#样本量按比例分配，忽略抽样比，总样本量为
n01=ceiling(sum(Wh * Sh^2)/Vy);
#各层的样本量为
nh1=n01 * Wh;
#总体均值估计量的方差为
vY1=sum(Wh^2 * Sh^2/nh1);
```

```
#样本量按奈曼最优分配,忽略抽样比,总样本量为
n02=ceiling((sum(Wh*Sh))^2/Vy);
#各层的样本量为
nh2=n02*Wh*Sh/sum(Wh*Sh);
#总体均值估计量的方差为
vY2=sum(Wh^2*Sh^2/nh2);
#采用简单随机抽样,忽略抽样比,则总样本量为
n03=ceiling(S2/Vy);
```

17. 表 3.7 给出的是某县所有农场按规模大小分层以及各层每个农场种植谷物的平均面积。现欲抽出包含 100 个农场的样本,分别选用样本量按比例分配和样本量最优分配,试计算每层的样本量。并与简单随机抽样的简单估计量进行比较。

表 3.7 某县农场的数据

单位:英亩

农场规模	农场数	种植面积	标准差
0 ~ 40	394	5.4	8.3
41 ~ 80	461	16.3	13.3
81 ~ 120	391	24.3	15.1
121 ~ 160	334	34.5	19.8
161 ~ 200	169	42.1	24.5
201 ~ 240	113	50.1	26.0
241 ~	148	63.8	35.2

解:由题可知,将农场按规模划分成七层,$L=7$。七个层的单元数依次为 $N_1=394$, $N_2=461$, $N_3=391$, $N_4=334$, $N_5=169$, $N_6=113$, $N_7=148$,总体单元数 $N=2010$,七个层的均值依次为 $\bar{Y}_1=5.4$, $\bar{Y}_2=16.3$, $\bar{Y}_3=24.3$, $\bar{Y}_4=34.5$, $\bar{Y}_5=421$, $\bar{Y}_6=50.1$, $\bar{Y}_7=63.8$,七个层的标准差依次为 $S_1=8.3$, $S_2=13.3$, $S_3=15.1$, $S_4=19.8$, $S_5=24.5$, $S_6=26.0$, $S_7=35.2$。总样本量 $n=100$。

(1)按比例分配,各层样本量分别为

$$n_1=nN_1/N=20$$

$$n_2=nN_2/N=23$$

$$n_3=nN_3/N=19$$

$$n_4=nN_4/N=17$$

$$n_5 = nN_5/N = 8$$

$$n_6 = nN_6/N = 6$$

$$n_7 = nN_7/N = 7$$

$$V_1(\hat{\bar{Y}}_{ST}) = \sum_{h=1}^{L} \frac{W_h^2 S_h^2}{n_h}\left(1 - \frac{n_h}{N_h}\right) = 3.303$$

(2)样本量最优分配，各层样本量分别为

$$n_1 = \frac{nW_1 S_1}{\sum_{h=1}^{L} W_h S_h} = 10$$

$$n_2 = \frac{nW_2 S_2}{\sum_{h=1}^{L} W_h S_h} = 18$$

$$n_3 = \frac{nW_3 S_3}{\sum_{h=1}^{L} W_h S_h} = 17$$

$$n_4 = \frac{nW_4 S_4}{\sum_{h=1}^{L} W_h S_h} = 19$$

$$n_5 = \frac{nW_5 S_5}{\sum_{h=1}^{L} W_h S_h} = 12$$

$$n_6 = \frac{nW_6 S_6}{\sum_{h=1}^{L} W_h S_h} = 9$$

$$n_7 = \frac{nW_7 S_7}{\sum_{h=1}^{L} W_h S_h} = 15$$

$$V_2(\hat{\bar{Y}}_{ST}) = \sum_{h=1}^{L} \frac{W_h^2 S_h^2}{n_h}\left(1 - \frac{n_h}{N_h}\right) = 2.727$$

(3)采用简单随机抽样，$1/N_h$ 可以忽略不计，$1/N$ 也可以忽略不计，则总体方差为

$$S^2 = \sum_{h=1}^{L} W_h S_h^2 + \sum_{h=1}^{L} W_h \left(\bar{Y}_h - \bar{Y}\right)^2 = 620.2$$

简单估计量的方差为

$$V_3(\hat{\bar{Y}}) = \frac{S^2}{n}\left(1 - \frac{n}{N}\right) = 5.89$$

给定总样本量$n=100$，上述三种情况之间的区别是，采用样本量按奈曼最优分配的分层随机抽样，估计量的方差最小，为 2.727；采用样本量按比例分配的分层随机抽样，估计量的方差为 3.303。两种情况下的方差都小于简单随机抽样情况下简单估计

量的方差。简单随机抽样情况下简单估计量的方差最大,为5.89。

R语言代码:

```
#各层的单元数为
Nh=c(394,461,391,334,169,113,148);
#总体单元数为
N=sum(Nh);
#各层的权数为
Wh=Nh/N;
#各层的标准差为
Sh=c(8.3,13.3,15.1,19.8,24.5,26,35.2)
#总样本量为
n=100;
#各层的均值为:
Yh=c(5.4,16.3,24.3,34.5,42.1,50.1,63.8);
#样本均值为:
Ymean=sum(Wh*Yh);
#样本量按比例分配,各层样本量和总体均值估计量的方差为
nh1=round(Wh*n,0);
V1=sum(Wh^2*Sh^2/nh1*(1-nh1/Nh));
#样本量最优分配,各层样本量和总体均值估计量的方差为
nh2=round(n*Nh*Sh/sum(Nh*Sh),0);
V2=sum(Wh^2*Sh^2/nh2*(1-nh2/Nh));
#总体方差为
S2=sum(Wh*Sh^2)+sum(Wh*(Yh-Ymean)^2)
#总体均值的简单估计量的方差为
V3=S2/n*(1-n/N);
```

18. 某开发区对区内居民消费冷冻食品情况进行调查。按局号分层,样本量按比例分配,各层抽样比忽略不计,居民购买冷冻食品支出的调查数据见表。试估计该开发区每户居民购买冷冻食品的平均支出,并给出在置信概率95%下的置信区间。

表3.8 居民购买冷冻食品支出数据 单位:元

局号	层权(%)	样本量	样本均值	样本标准差
1	8.2	16	89	105
2	6.5	13	56	74
3	13.7	27	102	186
4	5.6	11	76	97
5	11.8	24	97	106
6	11.6	23	79	89
7	17.0	34	83	112
8	9.8	20	52	73
9	8.8	18	36	44
10	7.0	14	52	65

解:由题可知,把居民购买冷冻食品支出分成10个层,$L=10$。10个层权数依次为 $W_1=8.2\%$,$W_2=6.5\%$,$W_3=13.7\%$,$W_4=5.6\%$,$W_5=11.8\%$,$W_6=11.6\%$,$W_7=17.0\%$,$W_8=9.8\%$,$W_9=8.8\%$,$W_{10}=7.0\%$,10个层的样本量依次为 $n_1=16$,$n_2=13$,$n_3=27$,$n_4=11$,$n_5=24$,$n_6=23$,$n_7=34$,$n_8=20$,$n_9=18$,$n_{10}=14$,10个层的样本均值依次为 $\bar{y}_1=89$,$\bar{y}_2=56$,$\bar{y}_3=102$,$\bar{y}_4=76$,$\bar{y}_5=97$,$\bar{y}_6=79$,$\bar{y}_7=83$,$\bar{y}_8=52$,$\bar{y}_9=36$,$\bar{y}_{10}=52$,10个层的样本标准差为 $s_1=105$,$s_2=74$,$s_3=186$,$s_4=97$,$s_5=106$,$s_6=89$,$s_7=112$,$s_8=73$,$s_9=44$,$s_{10}=65$。对于 $\alpha=0.05$,对应的标准正态分布上分位数为 $Z_{\alpha/2}=1.96$。

每户居民买冷冻食品平均支出的估计为

$$\hat{\bar{Y}}_{ST}=\sum_{h=1}^{L}W_h\bar{y}_h=75.79$$

每户居民买冷冻食品平均支出估计量的方差估计为

$$v(\hat{\bar{Y}}_{ST})=\sum_{h=1}^{L}\frac{W_h{}^2 s_h{}^2}{n_h}=59.83$$

每户居民买冷冻食品平均支出估计量的标准差估计为

$$\sqrt{v(\hat{\bar{Y}}_{ST})}=7.73$$

每户居民买冷冻食品平均支出在置信概率95%下的置信下限为

$$\hat{\bar{Y}}_{ST}-Z_{\alpha/2}\sqrt{v(\hat{\bar{Y}}_{ST})}=75.79-1.96\times7.73=60.63$$

每户居民买冷冻食品平均支出在置信概率95%下的置信上限为

$$\hat{\bar{Y}}_{ST}+Z_{\alpha/2}\sqrt{v(\hat{\bar{Y}}_{ST})}=75.79+1.96\times 7.73=90.95$$

从而,该开发区每户居民购买冷冻食品的平均支出估计为 75.79 元,估计量的方差估计为 59.83,标准差估计为 7.73 元。该开发区每户居民购买冷冻食品的平均支出在置信概率 95%下的置信区间为(60.63, 90.95)。

R 语言代码:

```
#各层的权数为
Wh=c(8.2,6.5,13.7,5.6,11.8,11.6,17,9.8,8.8,7)/100;
#各层的样本量为
nh=c(16,13,27,11,24,23,34,20,18,14);
#各层的样本均值为
yh=c(89,56,102,76,97,79,83,52,36,52);
#各层的样本标准差为
sh=c(105,74,186,97,106,89,112,73,44,65);
#标准正态分布上侧概率 0.025 的分位数为
Zalpha2=round(qnorm((1-0.05/2),0,1),2)
#该开发区每户居民购买冷冻食品的平均支出估计为
Yhat=sum(Wh*yh);
#估计量的方差估计为
vY=sum(Wh^2*sh^2/nh);
#估计量的标准差估计为
sdvY=sqrt(vY);
#该开发区每户居民购买冷冻食品的平均支出在置信概率 95%下的置信下限为
Yhat-(Zalpha2*sqrt(vY));
#该开发区每户居民购买冷冻食品的平均支出在置信概率 95%下的置信上限为
Yhat+(Zalpha2*sqrt(vY));
```

19. 为了调查在某高血压病高发地区中青少年与成年人的高血压患病率,将 14 岁及以上的人划分为 4 个年龄组,进行分层随机抽样,调查结果表 3.9。试估计总体高血压患病率，并给出相应的标准差。

表 3.9　青少年与成年人的患病率数据

年龄组	层权	样本量	患病率
14 岁～25 岁	0.281	400	0.083
26 岁～40 岁	0.322	650	0.174
41 岁～60 岁	0.213	600	0.310
61 岁～	0.184	350	0.464

解：由题可知，把 14 岁及以上的人按照年龄组划分成 4 层，$L=4$。4 个层的样本量依次为 $n_1=400$，$n_2=650$，$n_3=600$，$n_4=350$，4 个层的权数依次为 $W_1=0.281$，$W_2=0.322$，$W_3=0.213$，$W_4=0.184$，4 个层的样本患病率依次为 $p_1=0.083$，$p_2=0.174$，$p_3=0.310$，$p_4=0.464$。

总体高血压患病率的估计为

$$\hat{P}=\sum_{h=1}^{L}W_h p_h$$
$$=0.281\times 0.083+0.322\times 0.174+0.213\times 0.310+0.184\times 0.464=0.231$$

总体高血压患病率估计量的方差估计为

$$v(\hat{P})=\sum_{h=1}^{L}\frac{W_h{}^2}{n_h}\frac{n_h p_h(1-p_h)}{n_h-1}=7.835\times 10^{-5}$$

总体高血压患病率估计量的标准差估计为：

$$\sqrt{v(\hat{P})}=\sqrt{7.835\times 10^{-5}}=0.0089$$

从而，该地区总体高血压患病率的估计为 0.23，估计量的方差估计为 7.835×10^{-5}，标准差估计为 0.0089。

R 语言代码：

```
#各层的权数为
Wh=c(0.281,0.322,0.213,0.184);
#各层的样本量为
nh=c(400,650,600,350);
#各层的样本比例为
ph=c(0.083,0.174,0.310,0.464);
```

```
#总体高血压患病率估计为
Phat=sum(Wh*ph);
#总体高血压患病率估计量的方差估计为
vP=sum(Wh^2*ph*(1-ph)/(nh-1));
#总体高血压患病率估计量的标准差估计为
sdvP=sqrt(vP);
```

第 4 章　比率估计量和回归估计量

4.1　比率估计量和回归估计量的基本概念和定义

1. 总体比率：为总体总值 Y 与 X 的比值，记为 $R=Y/X$，其中 $Y=\sum_{i=1}^{N}y_i$，$X=\sum_{i=1}^{N}x_i$，N 为总体单元总数，单元标志值依次记为 $(y_1,x_1),\cdots,(y_N,x_N)$。

2. 样本比率：为样本总值 y 与 x 的比值，记为 $r=y/x$，其中 $y=\sum_{i=1}^{n}y_i$，$x=\sum_{i=1}^{n}x_i$，n 为样本量，样本单元标志值依次记为 $(y_1,x_1),\cdots,(y_n,x_n)$。

3.Y, X 的总体相关系数：$\rho_{XY}=S_{XY}/(S_XS_Y)$，其中 $S_Y=\sqrt{\sum_{i=1}^{N}(y_i-\bar{Y})^2/(N-1)}$，$S_{XY}=\sum_{i=1}^{N}(y_i-\bar{Y})(x_i-\bar{X})/(N-1)$，$S_X=\sqrt{\sum_{i=1}^{N}(x_i-\bar{X})^2/(N-1)}$。

4. 联合比率估计量和分别比率估计量：对于分层随机抽样，总体总值的比率估计量有两种。一种是先分别得到每层总值的比率估计量，再将各层总值的估计量之和作为总体总值的比率估计量，这种估计量称为分别比率估计量，或分别比估计量。另一种是先分别得到目标变量和辅助变量的总体均值或总体总值的估计量，两者之比作为总体比率的估计量，称为联合比率估计量，或联合比估计量，有时也称为组合比率估计量。

5. 回归估计量：辅助变量并不与目标变量近似成比率，但是两者之间存在明显的线性关系。此时，可以用辅助变量的均值调整对总体的估计，构造目标变量的回归估计量。

6. 联合回归估计量和分别回归估计量：对于分层随机抽样，总体总值的回归估计量有两种。一种是先分别得到每层总值的回归估计量，再将各层的估计值加总，作为总体总值的回归估计量，这种估计量称为分别回归估计量。另一种是先分别得到目标变量和辅助变量的总体均值或总体总值的分层估计量，再构造总体总值的回归估计量，这种估计量称为联合回归估计量，也称为组合回归估计量。

4.2 比率估计量和回归估计量及其性质

比率估计中的符号说明: 辅助变量的总体总值 X 或总体均值 $\bar{X}$ 已知。在简单随机抽样的情形下,总体的单元总数记为 N ,N 个单元标志值依次记为 $(y_1, x_1),\cdots,(y_N,x_N)$,总体总值 $Y=\sum_{i=1}^{N}y_i$,$X=\sum_{i=1}^{N}x_i$,总体比率 $R=Y/X$ 。总体均值 $\bar{Y}=Y/N$ 和 $\bar{X}=X/N$,总体方差 $S_Y^2=\sum_{i=1}^{N}(y_i-\bar{Y})^2/(N-1)$ 和 $S_X^2=\sum_{i=1}^{N}(x_i-\bar{X})^2/(N-1)$,总体协方差记为 $S_{XY}=\sum_{i=1}^{N}(y_i-\bar{Y})(x_i-\bar{X})/(N-1)$,总体的相关系数 $\rho_{XY}=S_{XY}/(S_XS_Y)$ 。样本量记为 n ,n 个单元的标志值依次记为 $(y_1,x_1),\cdots,(y_n,x_n)$,并且 $y=\sum_{i=1}^{n}y_i$,$x=\sum_{i=1}^{n}x_i$,样本比率记为 r ,$r=y/x$,样本均值 $\bar{y}=y/n$ 和 $\bar{x}=x/n$,样本方差记为 $s_y^2=\sum_{i=1}^{n}(y_i-\bar{y})^2/(n-1)$ 和 $s_x^2=\sum_{i=1}^{n}(x_i-\bar{x})^2/(n-1)$,样本均值的变异系数为 $C(\bar{y})=\sqrt{(1-f)S_Y^2/n}/\bar{Y}$ 和 $C(\bar{x})=\sqrt{(1-f)S_X^2/n}/\bar{X}$ 。样本协方差 $s_{xy}=\sum_{i=1}^{n}(x_i-\bar{x})(y_i-\bar{y})/(n-1)$,样本相关系数 $\rho_{xy}=s_{xy}/(s_ys_x)$ 。

在分层随机抽样的情形下,总体的单元总数为 N ,被划分为 L 个层,层序号用 h 表示,$h=1,\cdots,L$ 。每层单元数依次为 $N_1,N_2,\cdots,N_L$,即 $N=N_1+N_2+\cdots+N_L$,$W_h=N_h/N$ 为第 h 层的权数。层内的单元序号用 i 表示,(y_{hi},x_{hi}) 表示第 h 层第 i 个单元的标志值,总体总值为 $Y=\sum_{h=1}^{L}\sum_{i=1}^{N_h}y_{hi}$,$X=\sum_{h=1}^{L}\sum_{i=1}^{N_h}x_{hi}$,总体均值为 $\bar{Y}=Y/N$,$\bar{X}=X/N$,第 h 层均值为 $\bar{Y}_h=\sum_{i=1}^{N_h}y_{hi}/N_h$,$\bar{X}_h=\sum_{i=1}^{N_h}x_{hi}/N_h$ 。$S_{Yh}^2=\sum_{i=1}^{N_h}(y_{hi}-\bar{Y}_h)^2/(N_h-1)$ 和 $S_{Xh}^2=\sum_{i=1}^{N_h}(x_{hi}-\bar{X}_h)^2/(N_h-1)$ 为第 h 层方差,$S_{XYh}=\sum_{i=1}^{N_h}(y_{hi}-\bar{Y}_h)(x_{hi}-\bar{X}_h)/(N_h-1)$ 为第 h 层协方差。样本量记为 n ,各层样本量依次记为 $n_1,n_2,\cdots,n_L$,层内的样本单元序号用 i 表示,(y_{hi},x_{hi}) 表示第 h 层样本的第 i 个单元标志值。第 h 层的样本均值 $\bar{y}_h=\sum_{i=1}^{n_h}y_{hi}/n_h$,$\bar{x}_h=\sum_{i=1}^{n_h}x_{hi}/n_h$,样本均值 $\bar{y}_{ST}=\sum_{h=1}^{L}W_h\bar{y}_h$,$\bar{x}_{ST}=\sum_{h=1}^{L}W_h\bar{x}_h$,样本比率 $r_{ST}=\bar{y}_{ST}/\bar{x}_{ST}$,$s_{xyh}=\sum_{i=1}^{n_h}(y_{hi}-\bar{y}_h)(x_{hi}-\bar{x}_h)/(n_h-1)$ 为第 h 层的样本协方差,$s_{yh}^2=\sum_{i=1}^{n_h}(y_{hi}-\bar{y}_h)^2/(n_h-1)$ 和 $s_{xh}^2=\sum_{i=1}^{n_h}(x_{hi}-\bar{x}_h)^2/(n_h-1)$ 为第 h 层的样本方差。

$1-\alpha$ 为置信概率，$Z_{\alpha/2}$ 为标准正态分布概率 $\alpha/2$ 对应的上分位数。

1. 简单随机抽样下的比率估计

总体比率的估计量

$$\hat{R}=r=\frac{y}{x}$$

总体比率估计量的方差

$$V(\hat{R})=\frac{(1-f)}{n\bar{X}^2}\left[\frac{1}{N-1}\sum_{i=1}^{N}(y_i-Rx_i)^2\right]$$

$$V(\hat{R})=\frac{(1-f)}{n\bar{X}^2}(S_Y^2+R^2S_X^2-2RS_YS_X\rho_{XY})$$

$$V(\hat{R})=\frac{(1-f)R^2}{n}\left[C(y_i)^2+C(x_i)^2-2\rho_{XY}C(y_i)C(x_i)\right]$$

$$V(\hat{R})=R^2\left[C^2(\bar{y})+C^2(\bar{x})-2\rho_{XY}C(\bar{y})C(\bar{x})\right]$$

总体比率估计量的方差估计

$$v(\hat{R})=\frac{(1-f)}{n\bar{X}^2}\left[\frac{1}{n-1}\sum_{i=1}^{n}(y_i-rx_i)^2\right]$$

总体比率的置信区间

$$\left(r-Z_{\alpha/2}\sqrt{v(\hat{R})},r+Z_{\alpha/2}\sqrt{v(\hat{R})}\right)$$

若样本量 n 足够大，在近似的意义下，比率估计量 $\hat{R}$ 及其方差估计 $v(\hat{R})$ 都是无偏的。

2. 分层随机抽样下的比率估计

总体比率的估计量

$$\hat{R}_{ST}=\frac{\sum_{h=1}^{L}N_h\bar{y}_h}{\sum_{h=1}^{L}N_h\bar{x}_h}=\frac{\sum_{h=1}^{L}W_h\bar{y}_h}{\sum_{h=1}^{L}W_h\bar{x}_h}$$

总体比率估计量的方差

$$V(\hat{R}_{ST})=\sum_{h=1}^{L}\frac{W_h^2(1-f_h)}{\bar{X}^2n_h}(S_{Yh}^2+R^2S_{Xh}^2-2RS_{XYh})$$

总体比率估计量的方差估计

$$v(\hat{R}_{ST})=\sum_{h=1}^{L}\frac{W_h^2(1-f_h)}{\bar{X}^2n_h}(s_{yh}^2+r^2s_{xh}^2-2rs_{xyh})$$

若样本量 n 和各层样本量 $n_1,n_2,\cdots,n_L$ 足够大，在近似的意义下，比率估计量

$\hat{R}_{ST}$ 及其方差估计 $v(\hat{R}_{ST})$ 都是无偏的。

3. 简单随机抽样下总体均值的比率估计

总体均值的比率估计量

$$\hat{\bar{Y}}_R = r\bar{X}$$

总体均值比率估计量的方差

$$V(\hat{\bar{Y}}_R) = \frac{(1-f)}{n}\left[\frac{1}{N-1}\sum_{i=1}^{N}(y_i - Rx_i)^2\right]$$

$$V(\hat{\bar{Y}}_R) = \frac{(1-f)\bar{X}^2R^2}{n}\left[C(y_i)^2 + C(x_i)^2 - 2\rho_{XY}C(y_i)C(x_i)\right]$$

$$V(\hat{\bar{Y}}_R) = \bar{X}^2R^2\left[C^2(\bar{y}) + C^2(\bar{x}) - 2\rho_{XY}C(\bar{y})C(\bar{x})\right]$$

总体均值比率估计量的方差估计

$$v(\hat{\bar{Y}}_R) = \frac{(1-f)}{n}\left[\frac{1}{n-1}\sum_{i=1}^{n}(y_i - rx_i)^2\right]$$

$$v(\hat{\bar{Y}}_R) = \frac{(1-f)}{n}(s_y^2 + r^2s_x^2 - 2r\rho_{xy}s_ys_x)$$

总体均值的置信区间

$$\left(r\bar{X} - Z_{\alpha/2}\sqrt{v(\hat{\bar{Y}}_R)}, r\bar{X} + Z_{\alpha/2}\sqrt{v(\hat{\bar{Y}}_R)}\right)$$

总体总值 X 或总体均值 $\bar{X}$ 已知。

若样本量 n 足够大,在近似的意义下,总体均值的比率估计量 $\hat{\bar{Y}}_R$ 及其方差估计 $v(\hat{\bar{Y}}_R)$ 都是无偏的。

4. 简单随机抽样下总体总值的比率估计

总体总值的比率估计量

$$\hat{Y} = rX$$

总体总值比率估计量的方差

$$V(\hat{Y}_R) = \frac{N^2(1-f)}{n}\left[\frac{1}{N-1}\sum_{i=1}^{N}(y_i - Rx_i)^2\right]$$

$$V(\hat{Y}_R) = \frac{(1-f)X^2R^2}{n}\left[C(y_i)^2 + C(x_i)^2 - 2\rho_{XY}C(y_i)C(x_i)\right]$$

$$V(\hat{Y}_R) = X^2R^2\left[C^2(\bar{y}) + C^2(\bar{x}) - 2\rho_{XY}C(\bar{y})C(\bar{x})\right]$$

总体总值比率估计量的方差估计

$$v(\hat{Y}_R)=\frac{N^2(1-f)}{n}\left[\frac{1}{n-1}\sum_{i=1}^{n}(y_i-rx_i)^2\right]$$

$$v(\hat{Y}_R)=\frac{N^2(1-f)}{n}(s_y^2+r^2s_x^2-2r\rho_{xy}s_ys_x)$$

总体总值的置信区间

$$\left(rX-Z_{\alpha/2}\sqrt{v(\hat{Y}_R)},rX+Z_{\alpha/2}\sqrt{v(\hat{Y}_R)}\right)$$

总体总值 X 或总体均值 $\bar{X}$ 已知。

若样本量 n 足够大,在近似的意义下,总体总值的比率估计量 $\hat{Y}_R$ 及其方差估计 $v(\hat{Y}_R)$ 都是无偏的。

5. 分层随机抽样下总体均值的分别比率估计

总体均值的分别比率估计量

$$\hat{\bar{Y}}_{RS}=\sum_{h=1}^{L}W_hr_h\bar{X}_h$$

总体均值分别比率估计量的方差

$$V(\hat{\bar{Y}}_{RS})=\sum_{h=1}^{L}\frac{W_h^2(1-f_h)}{n_h}\left[\frac{1}{N_h-1}\sum_{i=1}^{N_h}(y_{hi}-R_hx_{hi})^2\right]$$

总体均值分别比率估计量的方差估计

$$v(\hat{\bar{Y}}_{RS})=\sum_{h=1}^{L}\frac{W_h^2(1-f_h)}{n_h}\left[\frac{1}{n_h-1}\sum_{i=1}^{n_h}(y_{hi}-r_hx_{hi})^2\right]$$

各层总值 $X_h(h=1,\cdots,L)$ 或各层均值 $\bar{X}_h(h=1,\cdots,L)$ 已知。

若各层的样本量 $n_1,\cdots,n_L$ 都足够大,在近似的意义下,总体均值的分别比率估计量 $\hat{\bar{Y}}_{RS}$ 及其方差估计 $v(\hat{\bar{Y}}_{RS})$ 都是无偏的。

6. 分层随机抽样下总体总值的分别比率估计

总体总值的分别比率估计量

$$\hat{Y}_{RS}=\sum_{h=1}^{L}r_hX_h$$

总体总值分别比率估计量的方差

$$V(\hat{Y}_{RS})=\sum_{h=1}^{L}\frac{N_h^2(1-f_h)}{n_h}\left[\frac{1}{N_h-1}\sum_{i=1}^{N_h}(y_{hi}-R_hx_{hi})^2\right]$$

总体总值分别比率估计量的方差估计

$$v(\hat{Y}_{RS})=\sum_{h=1}^{L}\frac{N_h^2(1-f_h)}{n_h}\left[\frac{1}{n_h-1}\sum_{i=1}^{n_h}(y_{hi}-r_hx_{hi})^2\right]$$

各层总值 $X_h(h=1,\cdots,L)$ 或各层均值 $\bar{X}_h(h=1,\cdots,L)$ 已知。

若各层的样本量 $n_1,\cdots,n_L$ 都足够大,在近似的意义下,总体总值的分别比率估计量 $\hat{Y}_{RS}$ 及其方差估计 $v(\hat{Y}_{RS})$ 都是无偏的。

7. 分层随机抽样下总体均值的联合比率估计

总体均值的联合比率估计量

$$\hat{\bar{Y}}_{RC}=r_{ST}\bar{X}=\frac{\sum_{h=1}^{L}N_h\bar{y}_h}{\sum_{h=1}^{L}N_h\bar{x}_h}\bar{X}$$

总体均值联合比率估计量的方差

$$V(\hat{\bar{Y}}_{RC})=\sum_{h=1}^{L}\frac{W_h^2(1-f_h)}{n_h}(S_{Yh}^2+R^2S_{Xh}^2-2RS_{XYh})$$

总体均值联合比率估计量的方差估计

$$v(\hat{\bar{Y}}_{RC})=\sum_{h=1}^{L}\frac{W_h^2(1-f_h)}{n_h}(s_{yh}^2+r^2s_{xh}^2-2rs_{xyh})$$

总体总值 X 或总体均值 $\bar{X}$ 已知。

若样本量 n 足够大,在近似的意义下,总体总值的联合比率估计量 $\hat{\bar{Y}}_{RC}$ 及其方差估计 $v(\hat{\bar{Y}}_{RC})$ 都是无偏的。

8. 分层随机抽样下总体总值的联合比率估计

总体总值的联合比率估计量

$$\hat{Y}_{RC}=r_{ST}X=\frac{\sum_{h=1}^{L}N_h\bar{y}_h}{\sum_{h=1}^{L}N_h\bar{x}_h}X$$

总体总值联合比率估计量的方差

$$V(\hat{Y}_{RC})=\sum_{h=1}^{L}\frac{N_h^2(1-f_h)}{n_h}(S_{Yh}^2+R^2S_{Xh}^2-2RS_{XYh})$$

总体总值联合比率估计量的方差估计

$$v(\hat{Y}_{RC})=\sum_{h=1}^{L}\frac{N_h^2(1-f_h)}{n_h}(s_{yh}^2+r^2s_{xh}^2-2rs_{xyh})$$

总体总值 X 或总体均值 $\bar{X}$ 已知。

若样本量 n 足够大,在近似的意义下,总体总值的联合比率估计量 $\hat{Y}_{RC}$ 及其方差估计 $v(\hat{Y}_{RC})$ 都是无偏的。

9. 简单随机抽样下总体均值的回归估计量(b 已知)

总体均值的回归估计量

$$\hat{\bar{Y}}_{LR} = \bar{y} + b(\bar{X} - \bar{x})$$

总体均值回归估计量的方差

$$V(\hat{\bar{Y}}_{LR}) = \frac{(1-f)}{n} \frac{1}{N-1} \sum_{i=1}^{N} [y_i - \bar{Y} - b(x_i - \bar{X})]^2$$

总体均值回归估计量的方差估计

$$v(\hat{\bar{Y}}_{LR}) = \frac{(1-f)}{n} \frac{1}{n-1} \sum_{i=1}^{n} [y_i - \bar{y} - b(x_i - \bar{x})]^2$$

总体总值 X 或总体均值 $\bar{X}$ 已知。

总体均值的回归估计量 $\hat{\bar{Y}}_{LR}$ 及其方差估计 $v(\hat{\bar{Y}}_{LR})$ 都是无偏估计量。

10. 简单随机抽样下总体总值的回归估计量(b 已知)

总体总值的回归估计量

$$\hat{Y}_{LR} = N\bar{y} + Nb(\bar{X} - \bar{x})$$

总体总值回归估计量的方差

$$V(\hat{Y}_{LR}) = \frac{N^2(1-f)}{n} \frac{1}{N-1} \sum_{i=1}^{N} [y_i - \bar{Y} - b(x_i - \bar{X})]^2$$

总体总值回归估计量的方差估计

$$v(\hat{Y}_{LR}) = \frac{N^2(1-f)}{n} \frac{1}{n-1} \sum_{i=1}^{n} [y_i - \bar{y} - b(x_i - \bar{x})]^2$$

总体总值 X 或总体均值 $\bar{X}$ 已知。

总体总值的回归估计量 $\hat{Y}_{LR}$ 及其方差估计 $v(\hat{Y}_{LR})$ 都是无偏估计量。

11. 简单随机抽样下总体均值的回归估计量(b 未知)

回归系数的最小二乘估计量为

$$\hat{b} = \frac{\sum_{i=1}^{n} (y_i - \bar{y})(x_i - \bar{x})}{\sum_{i=1}^{n} (x_i - \bar{x})^2}$$

总体均值的回归估计量

$$\hat{\bar{Y}}_{LR} = \bar{y} + \hat{b}(\bar{X} - \bar{x})$$

总体均值回归估计量的方差

$$V(\hat{\bar{Y}}_{LR})=\frac{(1-f)}{n}S_Y^2(1-\rho_{XY}^2)$$

总体均值回归估计量的方差估计

$$v(\hat{\bar{Y}}_{LR})=\frac{(1-f)}{n}\frac{1}{n-2}\sum_{i=1}^{n}\left[y_i-\bar{y}-\hat{b}(x_i-\bar{x})\right]^2$$

总体总值 X 或总体均值 $\bar{X}$ 已知。

当样本量足够大时,在近似意义上,总体均值的回归估计量 $\hat{\bar{Y}}_{LR}$ 及其方差估计 $v(\hat{\bar{Y}}_{LR})$ 都是无偏估计量。

12. 简单随机抽样下总体总值的回归估计量(b 未知)

回归系数的最小二乘估计量为

$$\hat{b}=\frac{\sum_{i=1}^{n}(y_i-\bar{y})(x_i-\bar{x})}{\sum_{i=1}^{n}(x_i-\bar{x})^2}$$

总体总值的回归估计量

$$\hat{Y}_{LR}=N\bar{y}+N\hat{b}(\bar{X}-\bar{x})$$

总体总值回归估计量的方差

$$V(\hat{Y}_{LR})=\frac{N^2(1-f)}{n}S_Y^2(1-\rho_{XY}^2)$$

总体总值回归估计量的方差估计

$$v(\hat{Y}_{LR})=\frac{N^2(1-f)}{n}\frac{1}{n-2}\sum_{i=1}^{n}\left[y_i-\bar{y}-\hat{b}(x_i-\bar{x})\right]^2$$

总体总值 X 或总体均值 $\bar{X}$ 已知。

当样本量足够大时,在近似意义上,总体总值的回归估计量 $\hat{Y}_{LR}$ 及其方差估计 $v(\hat{Y}_{LR})$ 都是无偏估计量。

13. 分层随机抽样下总体均值的分别回归估计(各层回归系数 $b_1,\cdots,b_L$ 已知)

总体均值的分别回归估计量

$$\hat{\bar{Y}}_{LRS}=\sum_{h=1}^{L}W_h\left[\bar{y}_h+b_h(\bar{X}_h-\bar{x}_h)\right]$$

总体均值分别回归估计量的方差

$$V(\hat{\bar{Y}}_{LRS}) = \sum_{h=1}^{L} \frac{W_h^2(1-f_h)}{n_h}(S_{Yh}^2 - 2b_h S_{YXh} + b_h^2 S_{Xh}^2)$$

总体均值分别回归估计量的方差估计

$$v(\hat{\bar{Y}}_{LRS}) = \sum_{h=1}^{L} \frac{W_h^2(1-f_h)}{n_h}(s_{yh}^2 - 2b_h s_{yxh} + b_h^2 s_{xh}^2)$$

总体总值 $X_h(h=1,\cdots,L)$ 或总体均值 $\bar{X}_h(h=1,\cdots,L)$ 已知。

总体均值的分别回归估计量 $\hat{\bar{Y}}_{LRS}$ 及其方差估计 $v(\hat{\bar{Y}}_{LRS})$ 都是无偏估计量。

14. 分层随机抽样下总体总值的分别回归估计(各层回归系数 $b_1,\cdots,b_L$ 已知)

总体总值的分别回归估计量

$$\hat{Y}_{LRS} = \sum_{h=1}^{L} N_h[\bar{y}_h + b_h(\bar{X}_h - \bar{x}_h)]$$

总体总值分别回归估计量的方差

$$V(\hat{Y}_{LRS}) = \sum_{h=1}^{L} \frac{N_h^2(1-f_h)}{n_h}(S_{Yh}^2 - 2b_h S_{YXh} + b_h^2 S_{Xh}^2)$$

总体总值分别回归估计量的方差估计

$$v(\hat{Y}_{LRS}) = \sum_{h=1}^{L} \frac{N_h^2(1-f_h)}{n_h}(s_{yh}^2 - 2b_h s_{yxh} + b_h^2 s_{xh}^2)$$

各层总值 $x_h(h=1,\cdots,L)$ 或各层均值 $\bar{X}_h(h=1,\cdots,L)$ 已知。

总体总值的分别回归估计量 $\hat{Y}_{LRS}$ 及其方差估计 $v(\hat{Y}_{LRS})$ 都是无偏估计量。

15. 分层随机抽样下总体均值的分别回归估计量(各层回归系数 $b_1,\cdots,b_L$ 未知)

各层回归系数的最小二乘估计量为

$$\hat{b}_h = \frac{\sum_{i=1}^{n_h}(y_{hi} - \bar{y}_h)(x_{hi} - \bar{x}_h)}{\sum_{i=1}^{n_h}(x_{hi} - \bar{x}_h)^2}$$

总体均值的分别回归估计量

$$\hat{\bar{Y}}_{LRS} = \sum_{h=1}^{L} W_h[\bar{y}_h + \hat{b}_h(\bar{X}_h - \bar{x}_h)]$$

总体均值分别回归量的方差

$$V(\hat{\bar{Y}}_{LRS}) = \sum_{h=1}^{L} \frac{W_h^2(1-f_h)}{n_h}\left(S_{Yh}^2 - \frac{S_{YXh}^2}{S_{Xh}^2}\right)$$

总体均值分别回归量的方差估计

$$v(\hat{\bar{Y}}_{LRS})=\sum_{h=1}^{L}\frac{W_h^2(1-f_h)}{n_h}\frac{1}{n_h-2}\Big[\sum_{i=1}^{n_h}(y_{hi}-\bar{y}_h)^2-\hat{b}_h^2\sum_{i=1}^{n_h}(x_{hi}-\bar{x}_h)^2\Big]$$

各层总值 $X_h(h=1,\cdots,L)$ 或各层均值 $\bar{X}_h(h=1,\cdots,L)$ 已知。

若各层样本量足够大,在近似意义下,总体均值的分别回归估计量 $\hat{\bar{Y}}_{LRS}$ 及其估计方差 $v(\hat{\bar{Y}}_{LRS})$ 都是无偏估计量。

16. 分层随机抽样下总体总值的分别回归估计量(各层回归系数 $b_1,\cdots,b_L$ 未知)

总体总值的分别回归估计量

$$\hat{Y}_{LRS}=\sum_{h=1}^{L}N_h[\bar{y}_h+\hat{b}_h(\bar{X}_h-\bar{x}_h)]$$

总体总值分别回归估计量的方差

$$V(\hat{Y}_{LRS})=\sum_{h=1}^{L}\frac{N_h^2(1-f_h)}{n_h}\Big(S_{Yh}^2-\frac{S_{YXh}^2}{S_{Xh}^2}\Big)$$

总体总值分别回归估计量的方差估计

$$v(\hat{Y}_{LRS})=\sum_{h=1}^{L}\frac{N_h^2(1-f_h)}{n_h}\frac{1}{n_h-2}\Big[\sum_{i=1}^{n_h}(y_{hi}-\bar{y}_h)^2-\hat{b}_h^2\sum_{i=1}^{n_h}(x_{hi}-\bar{x}_h)^2\Big]$$

各层总值 $X_h(h=1,\cdots,L)$ 或各层均值 $\bar{X}_h(h=1,\cdots,L)$ 已知。

若各层样本量足够大,在近似意义下,总体总值的分别回归估计量 $\hat{Y}_{LRS}$ 及其方差估计 $v(\hat{Y}_{LRS})$ 都是无偏估计量。

17. 分层随机抽样下总体均值的联合回归估计(回归系数 b 已知)

总体均值的联合回归估计量

$$\hat{\bar{Y}}_{LRC}=\bar{y}_{ST}+b(\bar{X}-\bar{x}_{ST})$$

总体均值联合回归估计量的方差

$$V(\hat{\bar{Y}}_{LRC})=\sum_{h=1}^{L}\frac{W_h^2(1-f_h)}{n_h}(S_{Yh}^2-2bS_{YXh}+b^2S_{Xh}^2)$$

总体均值联合回归估计量的方差估计

$$v(\hat{\bar{Y}}_{LRC})=\sum_{h=1}^{L}\frac{W_h^2(1-f_h)}{n_h}(s_{yh}^2-2bs_{yxh}+b^2s_{xh}^2)$$

总体总值 X 或总体均值 $\bar{X}$ 已知。

总体均值的联合回归估计量 $\hat{\bar{Y}}_{LRC}$ 及其方差估计 $v(\hat{\bar{Y}}_{LRC})$ 都是无偏估计量。

18. 分层随机抽样下总体总值的联合回归估计(回归系数 b 已知)

总体总值联合回归估计量

$$\hat{Y}_{LRC}=N\bar{y}_{ST}+b(X-N\bar{x}_{ST})$$

总体总值联合回归估计量的方差

$$V(\hat{Y}_{LRC})=\sum_{h=1}^{L}\frac{N_h^2(1-f_h)}{n_h}(S_{Yh}^2-2bS_{YXh}+b^2S_{Xh}^2)$$

总体总值联合回归估计量的方差估计

$$v(\hat{Y}_{LRC})=\sum_{h=1}^{L}\frac{N_h^2(1-f_h)}{n_h}(s_{yh}^2-2bs_{yxh}+b^2s_{xh}^2)$$

总体总值 X 或总体均值 $\bar{X}$ 已知。

总体总值的联合回归估计量 $\hat{Y}_{LRC}$ 及其方差估计 $v(\hat{Y}_{LRC})$ 都是无偏估计量。

19. 分层随机抽样下总体均值的联合回归估计量(回归系数 b 未知)

回归系数 b 的最小二乘估计量为

$$\hat{b}=\frac{\sum_{h=1}^{L}\frac{W_h^2(1-f_h)}{n_h(n_h-1)}\sum_{i=1}^{n_h}(y_{hi}-\bar{y}_h)(x_{hi}-\bar{x}_h)}{\sum_{h=1}^{L}\frac{W_h^2(1-f_h)}{n_h(n_h-1)}\sum_{h=1}^{L}(x_{hi}-\bar{x}_h)^2}$$

总体均值的联合回归估计量

$$\hat{\bar{Y}}_{LRC}=\bar{y}_{ST}+\hat{b}(\bar{X}-\bar{x}_{ST})$$

总体均值联合回归估计量的方差

$$V(\hat{\bar{Y}}_{LRC})=\sum_{h=1}^{L}\frac{W_h^2S_{Yh}^2(1-f_h)}{n_h}-\frac{\left[\sum_{h=1}^{L}\frac{W_h^2S_{YXh}(1-f_h)}{n_h}\right]^2}{\sum_{h=1}^{L}\frac{W_h^2S_{Xh}^2(1-f_h)}{n_h}}$$

总体均值联合回归估计量的方差估计

$$v(\hat{\bar{Y}}_{LRC})=\sum_{h=1}^{L}\frac{W_h^2(1-f_h)}{n_h(n_h-1)}[(y_{hi}-\bar{y}_h)-\hat{b}(x_{hi}-\bar{x}_h)]^2$$

总体总值 X 或总体均值 $\bar{X}$ 已知。

若样本量足够大,在近似意义下,总体均值的联合回归估计量 $\hat{\bar{Y}}_{LRC}$ 及其方差估计 $v(\hat{\bar{Y}}_{LRC})$ 都是无偏估计量。

20. 分层随机抽样下总体总值的联合回归估计量(回归系数 b 未知)

回归系数 b 的最小二乘估计量为

$$\hat{b}=\frac{\sum_{h=1}^{L}\frac{W_h^2(1-f_h)}{n_h(n_h-1)}\sum_{i=1}^{n_h}(y_{hi}-\bar{y}_h)(x_{hi}-\bar{x}_h)}{\sum_{h=1}^{L}\frac{W_h^2(1-f_h)}{n_h(n_h-1)}\sum_{h=1}^{L}(x_{hi}-\bar{x}_h)^2}$$

总体总值的联合回归估计量

$$\hat{Y}_{LRC}=N\bar{y}_{ST}+\hat{b}(X-N\bar{x}_{ST})$$

总体总值联合回归估计量的方差

$$V(\hat{Y}_{LRC})=\sum_{h=1}^{L}\frac{N_h^2S_{Yh}^2(1-f_h)}{n_h}-\frac{\left[\sum_{h=1}^{L}\frac{N_h^2S_{YXh}(1-f_h)}{n_h}\right]^2}{\sum_{h=1}^{L}\frac{N_h^2S_{Xh}^2(1-f_h)}{n_h}}$$

总体总值联合回归估计量的方差估计

$$v(\hat{Y}_{LRC})=\sum_{h=1}^{L}\frac{N_h^2(1-f_h)}{n_h(n_h-1)}[(y_{hi}-\bar{y}_h)-\hat{b}(x_{hi}-\bar{x}_h)]^2$$

总体总值 X 或总体均值 $\bar{X}$ 已知。

若样本量足够大,在近似意义下,总体总值的联合回归估计量 $\hat{Y}_{LRC}$ 及其方差估计 $v(\hat{Y}_{LRC})$ 都是无偏的。

4.3 习题解答

1. 欲对我国1387家大型企业自主创新活动中新产品的销售收入进行调查。已知去年新产品销售总收入为16764亿元。现抽取30家企业,调查每家企业今年和去年的新产品销售收入,得到今年新产品销售收入的平均值 $\bar{y}=15.82$ 亿元,去年新产品销售收入的平均值 $\bar{x}=11.49$ 亿元。试用比率估计方法估计今年我国大型企业新产品销售收入。(已知 $s_y=1.2, s_x=1.1, \rho_{xy}=0.9$)

解:根据题意,今年新产品销售收入的平均值 $\bar{y}=15.82$ 亿元,去年新产品销售收入的平均值 $x=11.49$ 亿元,去年新产品销售总收入为 $X=16764$ 亿元。样本比率为

$$r=\frac{y}{x}=\frac{\bar{y}}{\bar{x}}$$

$$=\frac{15.82}{11.49}=1.38$$

今年我国大型企业新产品销售收入的比率估计为

$$\hat{Y}_R = Xr$$
$$= 16764 \times 1.38 = 23134.32$$

今年我国大型企业新产品销售收入比率估计量的方差估计为

$$v(\hat{Y}_R) = \frac{N^2(1-f)}{n}(s_y^2 + r^2 s_x^2 - 2r\rho_{xy}s_y s_x) = 29201.32$$

今年我国大型企业新产品销售收入比率估计量的标准差估计为

$$v(\hat{Y}_R) = \frac{N^2(1-f)}{n}(s_y^2 + r^2 s_x^2 - 2r\rho_{xy}s_y s_x) = 170.88$$

从而，今年我国大型企业新产品销售总收入的比率估计为 23134.32 亿元，估计量的方差估计为 29201.32，标准差估计为 170.88 亿元。

R 语言代码：

```
#总体单元数
N=1387;
#样本量
n=30;
#总体总值
X=16764;
#样本均值
ymean=15.82;
xmean=11.49;
#样本标准差
sy=1.2;
sx=1.1;
pxy=0.9;
#样本比率为
r=round(ymean/xmean,2);
#今年我国大型企业新产品销售收入的比率估计量为
YRhat=X*r;
#今年我国大型企业新产品销售收入比率估计量的方差估计
vY=N^2/n*(1-n/N)*(sy^2+r^2*sx^2-2*r*pxy*sy*sx);
#今年我国大型企业新产品销售收入比率估计量的标准差估计
sdvY=sqrt(vY);
```

2. 欲调查某地区 2000 户家庭每月的电信增值业务支出情况,现采用简单随机抽样,调查了 30 户,调查每户家庭的电信业务支出和增值业务支出,数据见表 4.1。若本地区每户家庭的平均电信业务支出为 362.8 元,试给出每户家庭平均增值业务支出的比率估计和回归估计,并比较两者精度。

表 4.1 某地区 30 户家庭支出的调查数据 单位:元

编号	增值业务	电信支出	编号	增值业务	电信支出
1	80	180	16	58	168
2	100	260	17	90	200
3	160	300	18	110	180
4	350	500	19	175	290
5	100	210	20	50	150
6	30	100	21	140	240
7	30	120	22	90	220
8	50	160	23	70	160
9	110	200	24	125	235
10	70	280	25	80	190
11	200	350	26	110	240
12	150	240	27	120	230
13	140	210	28	150	200
14	300	450	29	60	140
15	60	100	30	110	220

解:根据题目,总体单元数 $N=2000$,样本量 $n=30$,本地区每户家庭的平均电信支出 $\bar{X}=362.8$ 元。利用调查数据,可以得到

$$\bar{y}=\frac{1}{n}\sum_{i=1}^{n}y_i=115.6$$

$$\bar{x}=\frac{1}{n}\sum_{i=1}^{n}x_i=224.1$$

$$s_y^2=\frac{1}{n-1}\sum_{i=1}^{n}(y_i-\bar{y})^2=5055.628$$

$$s_x^2=\frac{1}{n-1}\sum_{i=1}^{n}(x_i-\bar{x})^2=7973.266$$

$$s_{xy}=\frac{1}{n-1}\sum_{i=1}^{n}(x_i-\bar{x})(y_i-\bar{y})=5910.007$$

样本比率

$$r=\frac{y}{x}=0.516$$

每户家庭平均增值业务支出的比率估计为

$$\begin{aligned}\hat{\bar{Y}}_R&=\bar{X}r\\&=362.8\times 0.516=187.20\end{aligned}$$

每户家庭平均电信增值业务支出比率估计量的方差估计为

$$v(\hat{\bar{Y}}_R)=\frac{(1-f)}{n}(s_y^2+r^2s_x^2-2rs_{xy})\ =35.44$$

每户家庭平均电信增值业务支出比率估计量的标准差估计为

$$\sqrt{v(\hat{\bar{Y}}_R)}=5.95$$

从而,每户家庭平均电信增值业务支出的比率估计为 187.20 元,方差估计为 35.44,标准差估计为 5.95 元。

回归估计量的回归系数估计

$$\hat{b}=\frac{\sum_{i=1}^{n}(y_i-\bar{y})(x_i-\bar{x})}{\sum_{i=1}^{n}(x_i-\bar{x})^2}=0.741$$

每户家庭平均电信增值业务支出的回归估计为

$$\begin{aligned}\hat{\bar{Y}}_{LR}&=\bar{y}+\hat{b}(\bar{X}-\bar{x})\\&=115.6+0.741\times(362.8-224.1)=218.38\end{aligned}$$

每户家庭平均电信增值业务支出回归估计量的方差估计为

$$v(\hat{\bar{Y}}_{LR})=\frac{(1-f)}{n}\frac{1}{n-2}\sum_{i=1}^{n}[y_i-\bar{y}-\hat{b}(x_i-\bar{x})]^2=22.95$$

每户家庭平均电信增值业务支出回归估计量的标准差估计为

$$\sqrt{v(\hat{\bar{Y}}_{LR})}=4.79$$

从而,每户家庭平均电信增值业务支出的回归估计为 218.38 元,方差估计为 22.95,标准差估计为 4.79 元。

比率估计量和回归估计量相比较,回归估计量的方差估计为 22.95,小于比率估计量的方差估计为 35.44。将方差估计看作估计量的方差,回归估计量的精度高。

R 语言代码:

```
#总体单元数
N=2000
#样本量
n=30
#总体总值
Xmean=362.8
#调查数据
y1=c(80,100,160,350,100,30,30,50,110,70,200,150,140,300,60,58,90,
                    110,175,50,140,90,70,125,80,110,120,150,60,110)
x1=c(180,260,300,500,210,100,120,160,200,280,350,240,210,450,100,
      168,200,180,290,150,240,220,160,235,190,240,230,200,140,220)
#样本均值
ymean=mean(y1);
xmean=mean(x1);
#样本方差
sy2=sum((y1-ymean)^2)/(n-1);
sx2=sum((x1-xmean)^2)/(n-1);
#样本协方差
sxy=sum((x1-xmean)*(y1-ymean))/(n-1);
#样本比率
r=round(ymean/xmean,3);
#每户家庭平均增值业务支出的比率估计量为
Ymean=r*Xmean;
#每户家庭平均电信增值业务支出比率估计量的方差估计为
vY=(1-n/N)/n*sum(sy2+sx2*r^2-2*r*sxy);
#每户家庭平均电信增值业务支出比率估计量的标准差估计为
sdvY=sqrt(vY);
#回归系数估计
b=round(sum((y1-ymean)*(x1-xmean))/sum((x1-xmean)^2),3);
#每户家庭平均电信增值业务支出的回归估计为
ymeanLR=ymean+b*(Xmean-xmean);
```

```
#每户家庭平均电信增值业务支出回归估计量的方差估计为
vYLR=(1-n/N)/(n*(n-2))*sum((y1-ymean-b*(x1-xmean))^2);
#每户家庭平均电信增值业务支出回归估计量的标准差估计为
sdvYLR=sqrt(vYLR);
```

3. 某单位欲估计今年第一季度职工的医疗费用支出，但这一费用要等到合同医院送来账单才能知道。因此从1000个工人中随机抽取了100人进行调查，这100人的总支出为1750元。若已知去年同期这100个工人的医疗费用支出是1200元，全单位去年第一季度医疗费用总支出为12500元。若这100人的去年一季度的平均医药支出的方差为4.95。试用比率估计法估计这一单位第一季度平均每人医药费用支出置信概率95%的置信区间。(这100人的今年一季度的平均医药支出的方差为5.65，与去年一季度的平均医药支出的协方差为4.23)

解：由题可知，总体单元数 $N=1000$，样本量 $n=100$，全单位去年第一季度医疗费用总支出 $X=12500$，去年第一季度医疗费用支出的样本总值 $x=1200$，样本方差 $s_x^2=4.95$，今年第一季度医疗费用支出的样本总值 $y=1750$，样本方差 $s_y^2=5.65$，$s_{xy}=4.23$。样本比率为

$$r=\frac{y}{x}=\frac{1750}{1200}=1.458$$

本单位今年第一季度平均每人医药费用支出的比率估计为

$$\begin{aligned}\hat{\bar{Y}}_R&=\bar{X}r\\&=\frac{12500}{1000}\times 1.458=18.23\end{aligned}$$

本单位今年第一季度平均每人医药费用支出比率估计量的方差估计为

$$v(\hat{\bar{Y}}_R)=\frac{(1-f)}{n}(s_y^2+r^2s_x^2-2rs_{xy})=0.03454$$

本单位今年第一季度平均每人医药费用支出比率估计量的标准差估计为

$$\sqrt{v(\hat{\bar{Y}}_R)}=0.19$$

本单位今年第一季度平均每人医药费用支出在置信概率95%下的置信上限为

$$\hat{\bar{Y}}_R+Z_{\alpha/2}\sqrt{v(\hat{\bar{Y}}_R)}=18.60$$

本单位今年第一季度平均每人医药费用支出在置信概率95%下的置信下

限为

$$\hat{\bar{Y}}_R - Z_{\alpha/2}\sqrt{v(\hat{\bar{Y}}_R)} = 17.86$$

从而,本单位今年第一季度平均每人医药费用支出的比率估计为 18.23 元,比率估计量的标准差估计为 0.19 元。在置信概率 95%下的置信区间为(17.86,18.60)。

R 语言代码:

```
#总体单元数
N=1000;
#样本量
n=100;
#总体总值
X=12500;
#样本总值
y=1750;
x=1200;
#样本方差
sx2=4.95;
sy2=5.65;
sxy=4.23;
#样本比率
r=round(y/x,3);
#本单位今年第一季度平均每人医药费用支出的比率估计量为
YR=round(r*X/N,2);
#本单位今年第一季度平均每人医药费用支出估计量的方差估计为
vYR=(1-n/N)/n*sum(sy2+sx2*r^2-2*r*sxy);
#本单位今年第一季度平均每人医药费用支出估计量的标准差估计为
sdvYR=round(sqrt(vYR),2);
标准正态分布下概率为α/2 对应的上分位数
z=round(qnorm((1-0.05/2),0,1),2);
#单位第一季度平均每人医药费用支出在置信概率95%下的置信上限为
round(YR+z*sdvYR,2);
```

#单位第一季度平均每人医药费用支出在置信概率95%下的置信下限为
round(YR−z * sdvYR,2);

4. 某养牛场共有1000头牛,上月末对每头牛都称重一次并做了记录,并计算出平均重量为240公斤,本月末随机抽取30头称重结果如表4.2。

表4.2 养牛场30头牛称重数据 单位:公斤

序号	上次	本次	序号	上次	本次
1	186	229	16	171	211
2	221	257	17	304	349
3	201	281	18	240	316
4	217	263	19	228	340
5	202	237	20	296	365
6	256	323	21	234	323
7	248	273	22	294	381
8	229	280	23	240	307
9	205	223	24	314	389
10	138	185	25	266	325
11	209	232	26	222	295
12	249	265	27	213	248
13	239	319	28	236	332
14	214	272	29	276	307
15	226	269	30	334	415

(1)估计该养牛场所饲养的牛较上月末增重的比率及其标准差。

(2)估计现在牛的平均重量及其标准差。

(3)将比率估计方法与均值估计法进行比较,哪一种方法效率高?分析其原因。

解:根据题意,总体单元数$N=1000$,样本量$n=30$,上月末每头牛平均重量$\bar{X}=240$公斤。利用调查数据,可以得到

$$\bar{y}=\frac{1}{n}\sum_{i=1}^{n}y_i=293.7$$

$$\bar{x}=\frac{1}{n}\sum_{i=1}^{n}x_i=236.9$$

$$s_y^2=\frac{1}{n-1}\sum_{i=1}^{n}(y_i-\bar{y})^2=3078.631$$

$$s_x^2=\frac{1}{n-1}\sum_{i=1}^{n}(x_i-\bar{x})^2=1824.685$$

$$s_{xy}=\frac{1}{n-1}\sum_{i=1}^{n}(x_i-\bar{x})(y_i-\bar{y})=2142.324$$

样本比率

$$r=\frac{y}{x}=1.24$$

(1)该养牛场所饲养的牛较上月末增重比率的估计为

$$\hat{R}=r=1.24$$

该养牛场所饲养的牛较上月末增重比率估计量的方差估计为

$$v(\hat{R})=\frac{(1-f)}{n\bar{X}^2}\frac{1}{n-1}\sum_{i=1}^{n}(y_i-rx_i)^2=0.000321$$

该养牛场所饲养的牛较上月末增重比率估计量的标准差估计为

$$\sqrt{v(\hat{R})}=0.017$$

从而,该养牛场所饲养的牛较上月末增重比率的估计为 1.24,比率估计量的标准差估计为 0.017。

(2)本月每头牛平均重量的比率估计为

$$\hat{\bar{Y}}_R=r\bar{X}$$
$$=1.24\times 240=297.6$$

本月每头牛平均重量比率估计量的方差估计为

$$v(\hat{\bar{Y}}_R)=\frac{(1-f)}{n}\frac{1}{n-1}\sum_{i=1}^{n}(y_i-rx_i)^2=18.47$$

本月每头牛平均重量比率估计量的标准差估计为

$$\sqrt{v(\hat{\bar{Y}}_R)}=4.30$$

从而,该养牛场本月每头牛平均重量的比率估计为 297.6 公斤,每头牛平均重量比率估计量的标准差估计为 4.30 公斤。

(3)本月每头牛平均重量的均值估计为

$$\hat{\bar{Y}}=\bar{y}=293.7$$

本月每头牛平均重量均值估计量的方差估计为

$$v(\hat{\bar{Y}})=\frac{(1-f)}{n}\frac{1}{n-1}\sum_{i=1}^{n}(y_i-\bar{y})^2=99.54$$

本月每头牛平均重量均值估计量的标准差估计为

$$\sqrt{v(\hat{\bar{Y}})}=9.98$$

从而,该养牛场本月每头牛平均重量的均值估计为 293.7 公斤,均值估计量的标准差估计为 9.98 公斤。

依据比率估计量和均值估计量的计算结果,比率估计量的方差估计为 4.30,小于均值估计量的方差估计 9.98,将方差估计看作估计量的方差,比率估计量的精度高。

R 语言代码:

```
#总体单元数
N=1000;
#样本量
n=30
#总体总值
Xmean=240;
#调查数据
x1=c(186,221,201,217,202,256,248,229,205,138,209,249,239,214,226,
171,304,240,228,296,234,294,240,314,266,222,213,236,276,334);
y1=c(229,257,281,263,237,323,273,280,223,185,232,265,319,272,269,
211,349,316,340,365,323,381,307,389,325,295,248,332,307,415);
#样本均值
ymean=mean(y1);
xmean=round(mean(x1),1);
#样本方差
sy2=sum((y1-ymean)^2)/(n-1);
sx2=sum((x1-xmean)^2)/(n-1);
#样本协方差
sxy=sum((x1-xmean)*(y1-ymean))/(n-1);
#样本比率
```

```
r=round(ymean/xmean,3);
#该养牛场所饲养的牛较上月末增重比率的估计为
Rhat=r;
#该养牛场所饲养的牛较上月末增重比率估计量的方差估计为
vR=(1-n/N)/(n*Xmean^2)*sum(sy2+sx2*r^2-2*r*sxy);
#估计量的标准差估计为
sdvR=sqrt(vR);
#该养牛场所饲养的牛本月重量的比率估计量为
YR=Xmean*r;
#该养牛场所饲养的牛本月重量比率估计量的方差估计为
vYR=(1-n/N)/n*(sy2+sx2*r^2-2*r*sxy);
#该养牛场所饲养的牛本月重量比率估计量的标准差估计为
sdvYR=sqrt(vYR);
#该养牛场所饲养的牛本月重量的均值估计量为
Yhat=ymean;
#该养牛场所饲养的牛本月重量均值估计量的方差估计为
vY=(1-n/N)/n*sy2;
#该养牛场所饲养的牛本月重量均值估计量的标准差估计为
sdvY=sqrt(vY);
```

5. 假设有一个 $N=6$ 的人为总体,辅助变量总量 $X=46$ 已知,Y 为调查指标,有关数据如表 4.3。用简单随机抽样抽取 $n=4$ 的样本,试根据其全部可能样本数据及根据样本回归系数计算总体均值 $\bar{Y}$ 的回归估计,并讨论该估计量的方差和偏差。

表 4.3 人为总体数据

t	1	2	3	4	5	6
X_t	4	6	7	9	10	10
Y_t	12	18	19	22	26	28

解:由题意可知,总体单元数 $N=6$,样本量 $n=4$,总体总值 $X=46$,总体均值 $\bar{X}=X/N=46/6=7.6$。样本量 $n=4$,所有可能样本共计 15 个,见表 4.4。

表 4.4　人为总体数据的样本

序号	样本	$\hat{b}$	$\hat{\bar{Y}}_{LR}=\bar{y}+\hat{b}(\bar{X}-\bar{x})$	$v(\hat{\bar{Y}}_{LR})$
1	1,2,3,4	1.96	20.04	0.11
2	1,2,3,5	2.28	20.84	0.05
3	1,2,3,6	2.63	21.66	0.06
4	1,2,4,5	2.13	20.39	0.15
5	1,2,4,6	2.37	20.99	0.33
6	1,2,5,4	2.13	20.39	0.15
7	1,3,4,5	2.21	20.12	0.07
8	1,3,4,6	2.45	20.66	0.27
9	1,3,5,6	2.52	21.04	0.09
10	1,4,5,6	2.42	20.59	0.27
11	2,3,4,5	1.90	20.62	0.11
12	2,3,4,6	2.30	20.98	0.33
13	2,3,5,6	2.37	21.37	0.12
14	2,4,5,6	2.19	21.13	0.32
15	3,4,5,6	2.67	20.19	0.25

表的第二列给出的是总体单元的序号。表的第三列给出了利用样本估计的回归系数估计值。对于不同样本，回归系数估计值并不相同，回归系数估计值的平均为

$$\bar{b}=\frac{\sum_{k=1}^{K}b_k}{K}=2.302$$

其中，$K=15$，代表总计 15 个样本。总体回归系数为

$$B=\frac{\sum_{i=1}^{N}(y_i-\bar{y})(x_i-\bar{x})}{\sum_{i=1}^{N}(x_i-\bar{x})^2}=2.34$$

回归系数估计值的均值与总体回归系数存在差异。在回归系数利用样本估计的情况下，回归系数估计量是有偏的。

表的第四列给出了总体均值的回归估计值。对于不同样本，总体均值的回归估计值不相同，总体均值估计值的平均为

$$\bar{\hat{\bar{Y}}}_{LR}=\frac{\sum_{k=1}^{K}\hat{\bar{Y}}_{(LR)k}}{K}=20.734$$

总体均值为

$$\bar{Y}=\frac{\sum_{i=1}^{N}y_i}{N}=20.833$$

总体均值估计值的均值与总体均值之间存在差异。在回归系数利用样本估计的情况下,总体均值的回归估计量是有偏的。

表的第五列给出了回归估计量的方差估计值。对于不同样本,总体均值回归估计量的方差估计值不相同,总体均值回归估计量的方差估计的平均为

$$\bar{v}(\hat{\bar{Y}}_{LR})=\frac{\sum_{k=1}^{K}v_k(\hat{\bar{Y}}_{LR})}{K}=0.179$$

总体均值回归估计量的方差为

$$V(\hat{\bar{Y}}_{LR})=\frac{1-f}{n}\frac{1}{N-1}\sum_{i=1}^{N}[y_i-\bar{Y}-b(x_i-\bar{X})]^2=0.135$$

总体均值回归估计量的方差估计值的均值与总体均值回归估计量的方差之间存在差异。在回归系数利用样本估计的情况下,总体均值回归估计量的方差估计量是有偏的。

R 语言代码:

```
#总体单元总数
N=6;
#样本量
n=4;
#总体总值
X=46;
#总体均值
Xmean=X/N;
#总体观测值
x1=c(4,6,7,9,10,10);
y1=c(12,18,19,22,26,28);
#总体均值
Ymean=mean(y1);
```

```
Xmean=mean(x1);
#总体方差和相关系数
SY2=sum((y1-Ymean)^2)/(N-1)
SX2=sum((x1-Xmean)^2)/(N-1)
PXY=sum((y1-Ymean)*(x1-Xmean))/(N-1)/sqrt(SY2*SX2)
#总体回归系数
B=sum((y1-Ymean)*(x1-Xmean))/sum((x1-Xmean)^2);
#样本量为4的回归估计量的方差
VYR=(1-n/N)/n*SY2*(1-PXY^2);
#样本
SamNo=array(c( 1,2,3,4,  1,2,3,5,  1,2,3,6,  1,2,4,5, 1,2,4,6,
1,2,5,4,  1,3,4,5,  1,3,4,6,  1,3,5,6, 1,4,5,6,
2,3,4,5,  2,3,4,6,  2,3,5,6,  2,4,5,6, 3,4,5,6),dim=c(4,15))
#存放回归系数
b=rep(0,15)
#存放总体的值回归估计值
YRhat=rep(0,15)
#存放总体均值回归估计量的方差估计
vYR=rep(0,15)

for( loop in c(1:15))
{
# 样本均值
ymean=mean(y1[SamNo[,loop]]);
xmean=mean(x1[SamNo[,loop]]);
b[loop]=round(sum((y1[SamNo[,loop]]-ymean)*
(x1[SamNo[,loop]]-xmean))/sum((x1[SamNo[,loop]]-xmean)^2),2);
YRhat[loop]=round(ymean+b[loop]*(Xmean-xmean),2)
vYR[loop]=round((1-n/N)/(n*(n-2))*sum(((y1[SamNo[,loop]]
-ymean)-b[loop]*(x1[SamNo[,loop]]-xmean))^2),2);
}
#回归系数估计值的平均数
mean(b[])
```

```
#总体均值回归估计值的平均数
mean(YRhat[])
#总体均值回归估计量的方差估计的平均数
mean(vYR[])
```

6. 某地区为了了解本年度居民旅游支出情况,现将该地区居民分为城镇居民和乡村居民进行抽样调查。已知该地区城镇居民人数为260万人,本年度平均每人可支配收入为3.5万元;乡村居民为180万人,本年度平均每人可支配收入为2万元。现对城镇居民和乡村居民按照简单随机抽样方式分别抽取50人进行本年度旅游支出情况调查,调查结果如表4.5。试根据调查数据给出该地区本年度居民旅游平均支出额在置信概率95%下的置信区间。

表4.5 旅游支出情况的调查数据

层	样本量(人)	可支配收入(万元)	$\sum_{j=1}^{50} x_{hj}^2$	旅游支出(万元)	$\sum_{j=1}^{50} y_{hj}^2$	$\sum_{j=1}^{50} x_{hi} y_{hi}$
城镇	50	202	1923	16	37	234
乡村	50	89	1200	3	6	32

解:由题意可知,总体划分为两层,城镇层和乡村层,$L=2$。两层单元数依次为$N_1=260\times10^4$,$N_2=180\times10^4$,两层样本量依次为$n_1=50$,$n_2=50$,两层样本总值为$y_1=16$,$y_2=3$,$x_1=202$,$x_2=89$。本年度平均每人可支配收入依次为$\bar{X}_1=3.5$,$\bar{X}_2=2$。$\sum_{j=1}^{n_1} x_{1j}^2=1923$,$\sum_{j=1}^{n_2} x_{2j}^2=1200$,$\sum_{j=1}^{n_1} y_{1j}^2=37$,$\sum_{j=1}^{n_2} y_{2j}^2=6$,$\sum_{j=1}^{n_1} x_{1j} y_{1j}=234$,$\sum_{j=1}^{n_2} x_{2j} y_{2j}=32$。利用数据可以计算,

城镇和乡村的权重分别为

$$W_1=\frac{N_1}{N_1+N_2}=0.5909$$

$$W_2=\frac{N_2}{N_1+N_2}=0.4091$$

该地区本年度平均每人可支配收入为

$$\bar{X}=\bar{X}_1 W_1+\bar{X}_2 W_2=2.8864$$

城镇和乡村的样本比率分别为

$$r_1=\frac{y_1}{x_1}=0.0792$$

$$r_2 = \frac{y_2}{x_2} = 0.0337$$

该地区的总值估计分别为

$$\hat{X}_{ST} = \sum_{h=1}^{L} N_h \bar{x}_h = 1.3708 \times 10^7$$

$$\hat{Y}_{ST} = \sum_{h=1}^{L} N_h \bar{y}_h = 9.4 \times 10^5$$

该地区的样本组合比率为

$$r_{ST} = \frac{\hat{Y}_{ST}}{\hat{X}_{ST}} = 0.0686$$

该地区本年度居民旅游平均支出额的分别比率估计量为

$$\hat{\bar{Y}}_{RS} = \sum_{h=1}^{L} W_h r_h \bar{X}_h$$

$$= 0.5909 \times 0.0792 \times 3.5 + 0.4091 \times 0.0337 \times 2 = 0.1914$$

该地区本年度居民旅游平均支出额分别比率估计量的方差估计为

$$v(\hat{\bar{Y}}_{RS}) = \sum_{h=1}^{L} \frac{(1-f_h)}{n_h} \frac{1}{n_h - 1} \left(\sum_{i=1}^{n_h} y_{hi}^2 + r_h^2 \sum_{i=1}^{n_h} x_{hi}^2 - 2r_h \sum_{i=1}^{n_h} x_{hi} y_{hi} \right) = 0.0055$$

该地区本年度居民旅游平均支出额分别比率估计量的标准差估计为

$$\sqrt{v(\hat{\bar{Y}}_{RS})} = 0.0742$$

该地区本年度居民旅游平均支出额在置信概率 95%下的置信上限为

$$\hat{\bar{Y}}_{RS} + Z_{\alpha/2} \sqrt{v(\hat{\bar{Y}}_{RS})} = 0.3368$$

该地区本年度居民旅游平均支出额在置信概率 95%下的置信下限为

$$\hat{\bar{Y}}_{RS} - Z_{\alpha/2} \sqrt{v(\hat{\bar{Y}}_{RS})} = 0.0460$$

从而,该地区本年度居民旅游平均支出额的分别比率估计为 0.1914 万元,估计量的标准差为 0.0742 万元,该地区本年度居民旅游平均支出额在置信概率 95%下的置信区间为(0.0460,0.3368)。

该地区本年度居民旅游平均支出额的组合比率估计量为

$$\hat{\bar{Y}}_{RC} = \bar{X} r_{ST}$$

$$= 0.6808 \times 2.8864 = 0.1980$$

该地区本年度居民旅游平均支出额组合比率估计量的方差估计为

$$v(\hat{\bar{Y}}_{RC}) = \sum_{h=1}^{L} \frac{(1-f_h)}{n_h} \frac{1}{n_h - 1} \left(\sum_{i=1}^{n_h} y_{hi}^2 + r_{ST}^2 \sum_{i=1}^{n_h} x_{hi}^2 - 2r_{ST} \sum_{i=1}^{n_h} x_{hi} y_{hi} \right) = 0.0067$$

该地区本年度居民旅游平均支出额组合比率估计量的标准差估计为

$$\sqrt{v(\hat{\bar{Y}}_{RC})}=0.0819$$

该地区本年度居民旅游平均支出额在置信概率 95%下的置信上限为

$$\hat{\bar{Y}}_{RC}+Z_{\alpha/2}\sqrt{v(\hat{\bar{Y}}_{RC})}=0.3585$$

该地区本年度居民旅游平均支出额在置信概率 95%下的置信下限为

$$\hat{\bar{Y}}_{RC}-Z_{\alpha/2}\sqrt{v(\hat{\bar{Y}}_{RC})}=0.0375$$

从而,该地区本年度居民旅游平均支出额的组合比率估计为 0.1980 万元,估计量的标准差估计为 0.0819 万元,该地区本年度居民旅游平均支出额在置信概率 95%下的置信区间为(0.0375,0.3585)。

R 语言代码:

```
#各层单元总数
Nh=c(2600000,1800000);
#总体单元总数
N=sum(Nh);
#各层样本量
nh=c(50,50);
#总样本量
n=sum(nh);
#各层均值
Xh=c(3.5,2);
#各层样本总值
yh=c(16,3);
xh=c(202,89);
xh2=c(1923,1200);
yh2=c(37,6);
xyh=c(234,32);
Zalpha2=round(qnorm((1-0.05/2),0,1),2);
#各层权数
Wh=round(Nh/N,4);
#总均值
```

```
Xmean=round(sum(Wh*Xh),4)
#各层样本分别比率
rh=round(yh/xh,4);
#总值估计
yst=sum(Nh*yh/nh);
xst=sum(Nh*xh/nh);
#样本组合比率
rst=round(yst/xst,4);
#该地区本年度居民旅游平均支出额的分别比率估计量为
Yrs=round(sum(rh*Xh*Wh),4);
#该地区本年度居民旅游平均支出额分别比率估计量的方差估计为
vYrs=round(sum((1-nh/Nh)/nh/(nh-1)*(yh2+xh2*rh^2-2*rh*
xyh)),4);
#该地区本年度居民旅游平均支出额分别比率估计量的标准差估计为
sdvYrs=round(sqrt(vYrs),4);
#该地区本年度居民旅游平均支出额在置信概率95%下的置信上限为
round(Yrs+Zalpha2*sdvYrs,4);
#该地区本年度居民旅游平均支出额在置信概率95%下的置信下限为
round(Yrs-Zalpha2*sdvYrs,4);
#该地区本年度居民旅游平均支出额的组合比率估计量为
Yrc=round(rst*Xmean,4);
#该地区本年度居民旅游平均支出额组合比率估计量的方差估计为
vYrc=round(sum((1-nh/Nh)/nh/(nh-1)*(yh2+xh2*rst^2-2*rst*
xyh)),4);
#该地区本年度居民旅游平均支出额组合比率估计量的标准差估计为
sdvYrc=round(sqrt(vYrc),4);
#该地区本年度居民旅游平均支出额在置信概率95%下的置信上限为
round(Yrc+Zalpha2*sdvYrc,4);
#该地区本年度居民旅游平均支出额在置信概率95%下的置信下限为
round(Yrc-Zalpha2*sdvYrc,4);
```

7. 为了了解某地区果树的种植株数，由于当地该果树与其他作物混合种植不便估计种植面积，因此考虑通过该种水果的产量进行全地区果树种植株数的估计。

根据果树种植情况,将该地区的360个种植果树的村子分为产区和非产区两层,在每一层里随机抽取一些村子调查果树株数和果实产量,数据如表4.6. 已知210个村子属于产区,150个村子属于非产区。今年产区的果实总产量900万公斤,非产区果实总产量为140万公斤。试用分别比率估计量和联合比估计量对该地区果树种植总株数进行估计。

表4.6 某地区果树种植情况和产量数据

	n_h	实测果树(株)	s_{yh}^2	实际产量(万公斤)	s_{xh}^2	s_{yxh}
产区	50	12225	100483	225	35	1865
非产区	40	2400	1552	39	0.49	27

解:由题意可知,总体划分为两层,产区层和非产区层,$L=2$。两层单元数依次为$N_1=210$,$N_2=150$,两层样本量依次为$n_1=50$,$n_2=40$,两层样本总值为$y_1=12225$,$y_2=2400$,$x_1=225$,$x_2=39$。本年度果实总产量依次为$X_1=900$,$X_2=140$。样本方差分别为$s_{x1}^2=35$,$s_{x2}^2=0.49$,$s_{y1}^2=100483$,$s_{y2}^2=1552$,样本协方差分别为$s_{yx1}=1865$,$s_{yx2}=27$。利用数据可以计算,

产区和非产区的权重分别为

$$W_1=\frac{N_1}{N_1+N_2}=0.5833$$

$$W_2=\frac{N_2}{N_1+N_2}=0.4167$$

今年产区的果实总产量为

$$X=X_1+X_2=1040$$

产区和非产区的样本比率分别为

$$r_1=\frac{y_1}{x_1}=54.3333$$

$$r_2=\frac{y_2}{x_2}=61.5385$$

该地区的总值估计分别为

$$\hat{X}_{ST}=\sum_{h=1}^{L}N_h\bar{x}_h=1091.25$$

$$\hat{Y}_{ST}=\sum_{h=1}^{L}N_h\bar{y}_h=60345.00$$

该地区的样本组合比率为

$$r_{ST}=\frac{\hat{Y}_{ST}}{\hat{X}_{ST}}=55.2990$$

该地区果树种植总株数的分别比率估计量为

$$\hat{Y}_{RS}=\sum_{h=1}^{L}r_hX_h$$
$$=54.3333\times 900+61.5385\times 140=57515$$

该地区果树种植总株数分别比率估计量的方差估计为

$$v(\hat{Y}_{RS})=\sum_{h=1}^{L}\frac{N_h^2(1-f_h)}{n_h}(s_{yh}^2+r_h^2s_{xh}^2-2r_hs_{yxh})=803342.30$$

该地区果树种植总株数分别比率估计量的标准差估计为

$$\sqrt{v(\hat{Y}_{RS})}=896$$

从而，该地区果树种植总株数的分别比率估计为 57515 株，估计量的方差估计为 803342.30，估计量的标准差估计为 896 株。

该地区果树种植总株数的组合比率估计量为

$$\hat{Y}_{RC}=Xr_{ST}$$
$$=1040\times 55.299=57511$$

该地区果树种植总株数组合比率估计量的方差估计为

$$v(\hat{Y}_{RC})=\sum_{h=1}^{L}\frac{N_h^2(1-f_h)}{n_h}(s_{yh}^2+r_{ST}^2s_{xh}^2-2r_{ST}s_{yxh})=864498.90$$

该地区果树种植总株数组合比率估计量的标准差估计为

$$\sqrt{v(\hat{Y}_{RC})}=930$$

从而，该地区果树种植总株数的分别比率估计为 57511 株，估计量的方差估计为 864498.90，估计量的标准差估计为 930 株。

R 语言代码：

```
#各层单元总数
Nh=c(210,150);
#总体单元总数
N=sum(Nh);
#各层样本量
nh=c(50,40);
```

```
#总样本量
n=sum(nh);
#各层均值
Xh=c(900,140);
#各层样本总值
yh=c(12225,2400);
xh=c(225,39);
sxh2=c(35,0.49);
syh2=c(100483,1552);
sxyh=c(1865,27);
Zalpha2=round(qnorm((1-0.05/2),0,1),2);
#各层权数
Wh=round(Nh/N,4);
#总均值
X=sum(Xh)
#各层样本分别比率
rh=round(yh/xh,4);
#总值估计
yst=sum(Nh*yh/nh);
xst=sum(Nh*xh/nh);
#样本组合比率
rst=round(yst/xst,4);
#该地区果树种植总株数的分别比率估计量为
Yrs=round(sum(rh*Xh));
#该地区果树种植总株数分别比率估计量的方差估计为
vYrs=round(sum(Nh^2*(1-nh/Nh)/nh*(syh2+sxh2*rh^2-2*rh*
sxyh)),4);
#该地区果树种植总株数分别比率估计量的标准差估计为
sdvYrs=round(sqrt(vYrs));
#该地区果树种植总株数组合比率估计量为
Yrc=round(rst*X);
#该地区果树种植总株数组合比率估计量的方差估计为
vYrc=round(sum(Nh^2*(1-nh/Nh)/nh*(syh2+sxh2*rst^2-2*rst*
```

sxyh)),4);

＃该地区果树种植总株树组合比率估计量的标准差估计为

sdvYrc=round(sqrt(vYrc));

8. 调查某地区牧民畜牧牲畜数目,将该地区分为四层,从每层中抽取 5 户牧民作为样本,调查数据如表 4.7。试用分别比率估计量和联合比率估计量对牲畜的总数和平均每户牲畜的数量进行估计。

表 4.7　畜牧面积与牲畜数量分层数据

总体			样本					
序号	户数	总面积（亩）	样本量（户）	牲畜头数	方差	畜牧面积（亩）	方差	协方差
1	20	190	5	55	66	40	38	46
2	20	280	5	80	57	80	76	62
3	20	730	5	125	489	170	874	649
4	20	800	5	160	223	190	219	214
合计	80	2000	20	420	—	480	—	—

解:由题意可知,总体划分为四层,$L=4$。四个层的单元数依次为 $N_1=20$, $N_2=20$, $N_3=20$, $N_4=20$,四个层的总面积依次为 $X_1=190$, $X_2=280$, $X_3=730$, $X_4=800$。样本量依次为 $n_1=n_2=n_3=n_4=5$,样本总值依次为 $y_1=55$, $y_2=80$, $y_3=125$, $y_4=160$, $x_1=40$, $x_2=80$, $x_3=170$, $x_4=190$。样本方差为 $s_{x1}^2=38$, $s_{x2}^2=76$, $s_{x3}^2=874$, $s_{x4}^2=219$, $s_{y1}^2=66$, $s_{y2}^2=57$, $s_{y3}^2=489$, $s_{y4}^2=226$,样本协方差分别为 $s_{yx1}=46$, $s_{yx2}=62$, $s_{yx3}=649$, $s_{yx4}=214$。利用数据可以计算,

四个层的权数分别为

$$W_1=W_2=W_3=W_4=\frac{N_h}{\sum_{h=1}^{L}N_h}=0.25$$

该地区牧民畜牧总面积为

$$X=\sum_{h=1}^{L}X_h=2000$$

各层的样本比率分别为

$$r_1=\frac{y_1}{x_1}=1.3750$$

$$r_2 = \frac{y_2}{x_2} = 1.0000$$

$$r_3 = \frac{y_3}{x_3} = 0.7353$$

$$r_4 = \frac{y_4}{x_4} = 0.8421$$

该地区牧民畜牧的总值估计分别为

$$\hat{X}_{ST} = \sum_{h=1}^{L} N_h \bar{x}_h = 1920$$

$$\hat{Y}_{ST} = \sum_{h=1}^{L} N_h \bar{y}_h = 1680$$

该地区牧民畜牧的样本组合比率为

$$r_{ST} = \frac{\hat{Y}_{ST}}{\hat{X}_{ST}} = 0.875$$

(1)该地区牧民畜牧牲畜总数的分别比率估计量和组合比率估计量

该地区牧民畜牧牲畜总数的分别比率估计量为

$$\hat{Y}_{RS} = \sum_{h=1}^{L} r_h X_h = 1752$$

该地区牧民畜牧牲畜总数分别比率估计量的方差估计为

$$v(\hat{Y}_{RS}) = \sum_{h=1}^{L} \frac{N_h^2(1-f_h)}{n_h}(s_{yh}^2 + r_h^2 s_{xh}^2 - 2r_h s_{yxh}) = 2720.863$$

该地区牧民畜牧牲畜总数分别比率估计量的标准差估计为

$$\sqrt{v(\hat{Y}_{RS})} = 52$$

从而,该地区牧民畜牧牲畜总数的分别比率估计为 1752 头,估计量的方差估计为 2720.863,估计量的标准差估计为 52 头。

该地区牧民畜牧牲畜总数的组合比率估计量为

$$\hat{Y}_{RC} = X r_{ST} = 1750$$

该地区牧民畜牧牲畜总数组合比率估计量的方差估计为

$$v(\hat{Y}_{RC}) = \sum_{h=1}^{L} \frac{N_h^2(1-f_h)}{n_h}(s_{yh}^2 + r_h^2 s_{xh}^2 - 2r_h s_{yxh}) = 3591.562$$

该地区牧民畜牧牲畜总数组合比率估计量的标准差估计为

$$\sqrt{v(\hat{Y}_{RC})} = 60$$

从而,该地区牧民畜牧牲畜总数的分别比率估计为 1750 头,估计量的方差估计为 3591.562，估计量的标准差估计为 60 头。

(2)该地区牧民每户畜牧牲畜平均数的分别比率估计量和组合比率估计量

该地区牧民每户畜牧牲畜平均数的分别比率估计量为

$$\hat{\bar{Y}}_{RS}=\sum_{h=1}^{L}W_h r_h \bar{X}_h=21.9$$

该地区牧民每户畜牧牲畜平均数分别比率估计量的方差估计为

$$v(\hat{\bar{Y}}_{RS})=\sum_{h=1}^{L}\frac{W_h^2(1-f_h)}{n_h}(s_{yh}^2+r_h^2 s_{xh}^2-2r_h s_{yxh})=0.4251$$

该地区牧民每户畜牧牲畜平均数分别比率估计量的标准差估计为

$$\sqrt{v(\hat{\bar{Y}}_{RS})}=0.65$$

从而，该地区牧民每户畜牧牲畜平均数的分别比率估计为 21.9 头，估计量的方差估计为 0.4251，估计量的标准差估计为 0.65 头。

该地区牧民每户畜牧牲畜平均数的组合比率估计量为

$$\hat{\bar{Y}}_{RC}=\bar{X}r_{ST}=21.88$$

该地区牧民每户畜牧牲畜平均数组合比率估计量的方差估计为

$$v(\hat{\bar{Y}}_{RC})=\sum_{h=1}^{L}\frac{(1-f_h)}{n_h}(s_{yh}^2+r_h^2 s_{xh}^2-2r_h s_{yxh})=0.5612$$

该地区牧民每户畜牧牲畜平均数组合比率估计量的标准差估计为

$$\sqrt{v(\hat{\bar{Y}}_{RC})}=0.75$$

从而，该地区牧民每户畜牧牲畜平均数的组合比率估计为 21.88 头，估计量的方差估计为 0.5612，估计量的标准差估计为 0.75 头。

R 语言代码：

```
#各层单元总数
Nh=c(20,20,20,20);
#总体单元总数
N=sum(Nh);
#各层样本量
nh=c(5,5,5,5);
#总样本量
n=sum(nh);
#各层均值
```

```
Xh=c(190,280,730,800);
#各层样本总值
yh=c(55,80,125,160);
xh=c(40,80,170,190);
syh2=c(66,57,489,223);
sxh2=c(38,76,874,219);
sxyh=c(46,62,649,214);
Zalpha2=round(qnorm((1-0.05/2),0,1),2);
#各层权数
Wh=round(Nh/N,4);
#总均值
X=sum(Xh)
#各层样本分别比率
rh=round(yh/xh,4);
#总值估计
yst=sum(Nh*yh/nh);
xst=sum(Nh*xh/nh);
#样本组合比率
rst=round(yst/xst,4);
#该地区牧民畜牧牲畜总数的分别比率估计量为
Yrs=round(sum(rh*Xh));
#该地区牧民畜牧牲畜总数分别比率估计量的方差估计为
vYrs=round(sum(Nh^2*(1-nh/Nh)/nh*(syh2+sxh2*rh^2-2*rh*
sxyh)),4);
#该地区牧民畜牧牲畜总数分别比率估计量的标准差估计为
sdvYrs=round(sqrt(vYrs));
#该地区牧民畜牧牲畜总数的组合比率估计为
Yrc=round(rst*X);
#该地区牧民畜牧牲畜总数组合比率估计量的方差估计为
vYrc=round(sum(Nh^2*(1-nh/Nh)/nh*(syh2+sxh2*rst^2-2*rst*
sxyh)),4);
#该地区牧民畜牧牲畜总数组合比率估计量的标准差估计为
sdvYrc=round(sqrt(vYrc));
```

```
#该地区牧民每户畜牧牲畜平均数的分别比率估计量为
Yrs=round(sum(Wh*rh*Xh/Nh),2);
#该地区牧民每户畜牧牲畜平均数分别比率估计量的方差估计为
vYrs=round(sum(Wh^2*(1-nh/Nh)/nh*(syh2+sxh2*rh^2-2*rh*sxyh)),4);
#该地区牧民每户畜牧牲畜平均数分别比率估计量的标准差估计为
sdvYrs=round(sqrt(vYrs),2);
#该地区牧民每户畜牧牲畜平均数组合比率估计为
Yrc=round(rst*X/N,2);
#该地区牧民每户畜牧牲畜平均数组合比率估计量的方差估计为
vYrc=round(sum(Wh^2*(1-nh/Nh)/nh*(syh2+sxh2*rst^2-2*rst*sxyh)),4);
#该地区牧民每户畜牧牲畜平均数组合比率估计量的标准差估计为
sdvYrc=round(sqrt(vYrc),2);
```

9. 已知某市国有企业和非国有企业 2013 年年底专业技术人员总数，欲通过抽样调查估计 2014 年年底全市专业技术人员总数 Y。分别在国有企业和非国有企业中以简单随机抽样的方式抽取，国有企业中抽取 10 个单位，非国有企业中抽取 14 个单位。已知该市国有企业共 135 个，2013 年年底专业技术人员数为 75650；非国有企业 1228 个，2013 年年底专业技术人员 315612 人，调查数据如表 4.8 所示，y_i 表示 2014 年底人数，x_i 表示 2013 年底人数。试用比率估计法对 2014 年底全市专业人员总数进行估计，并给出标准差估计。

表 4.8　专业技术人员调整数据　　单位：人

国有企业			非国有企业		
序号	x_i	y_i	序号	x_i	y_i
1	215	224	1	87	94
2	1082	1110	2	123	132
3	675	714	3	59	62
4	382	393	4	14	17
5	180	189	5	657	702
6	632	677	6	83	88

续表

国有企业			非国有企业		
序号	x_i	y_i	序号	x_i	y_i
7	56	61	7	208	227
8	812	828	8	42	45
9	98	101	9	38	42
10	217	228	10	148	165
			11	390	429
			12	97	104
			13	103	107
			14	284	290

解:由题意可知,总体划分为两层,$L=2$。两个层的单元数依次为 $N_1=135$,$N_2=1228$,总值依次为 $X_1=75650$,$X_2=315612$。样本量依次为 $n_1=10$,$n_2=14$。利用数据可以计算,

两个层的权数分别为

$$W_1=\frac{N_1}{\sum_{h=1}^{L}N_h}=0.099$$

$$W_2=\frac{N_2}{\sum_{h=1}^{L}N_h}=0.901$$

2013 年底全市专业人员总数为

$$X=\sum_{h=1}^{L}X_h=391262$$

样本总值依次为

$$y_1=\sum_{i=1}^{n_1}y_{1i}=4525$$

$$x_1=\sum_{i=1}^{n_1}x_{1i}=4349$$

$$y_2=\sum_{i=1}^{n_2}y_{2i}=2504$$

$$x_2=\sum_{i=1}^{n_2}x_{2i}=2333$$

样本方差为

$$s_{y1}^2=\frac{1}{n_1-1}\sum_{i=1}^{n_1}(y_{1i}-\bar{y}_1)^2=127166.50$$

$$s_{y2}^2=\frac{1}{n_2-1}\sum_{i=1}^{n_2}(y_{2i}-\bar{y}_2)^2=35079.36$$

$$s_{x1}^2=\frac{1}{n_1-1}\sum_{i=1}^{n_1}(x_{1i}-\bar{x}_1)^2=119790.50$$

$$s_{x2}^2=\frac{1}{n_2-1}\sum_{i=1}^{n_2}(x_{2i}-\bar{x}_2)^2=30560.40$$

样本协方差分别为

$$s_{yx1}=\frac{1}{n_1-1}\sum_{i=1}^{n_1}(y_{1i}-\bar{y}_1)(x_{1i}-\bar{x}_1)=123371.50$$

$$s_{yx2}=\frac{1}{n_2-1}\sum_{i=1}^{n_2}(y_{2i}-\bar{y}_2)(x_{2i}-\bar{x}_2)=32727.33$$

各层的样本比率分别为

$$r_1=\frac{y_1}{x_1}=1.0405$$

$$r_2=\frac{y_2}{x_2}=1.0733$$

2014年底全市专业人员总数的估计分别为

$$\hat{X}_{ST}=\sum_{h=1}^{L}N_h\bar{x}_h=280724.10$$

$$\hat{Y}_{ST}=\sum_{h=1}^{L}N_h\bar{y}_h=263348.90$$

该地区的样本组合比率为

$$r_{ST}=\frac{\hat{Y}_{ST}}{\hat{X}_{ST}}=1.0660$$

2014年底全市专业人员总数的分别比率估计量为

$$\hat{Y}_{RS}=\sum_{h=1}^{L}r_hX_h=417460$$

2014年底全市专业人员总数分别比率估计量的方差估计为

$$v(\hat{Y}_{RS})=\sum_{h=1}^{L}\frac{N_h^2(1-f_h)}{n_h}(s_{yh}^2+r_h^2s_{xh}^2-2r_hs_{yxh})=3571460.00$$

2014年底全市专业人员总数分别比率估计量的标准差估计为

$$\sqrt{v(\hat{Y}_{RS})}=1890$$

从而,2014 年底全市专业人员总数的分别比率估计为 417460 人,估计量的方差估计为 3571460.00,估计量的标准差估计为 1890 人。

2014 年底全市专业人员总数的组合比率估计量为

$$\hat{Y}_{RC}=Xr_{ST}=417085$$

2014 年底全市专业人员总数组合比率估计量的方差估计为

$$v(\hat{Y}_{RC})=\sum_{h=1}^{L}\frac{N_h^2(1-f_h)}{n_h}(s_{yh}^2+r_{ST}^2s_{xh}^2-2r_{ST}s_{yxh})=3871948.00$$

2014 年底全市专业人员总数组合比率估计量的标准差估计为

$$\sqrt{v(\hat{Y}_{RC})}=1968$$

从而,2014 年底全市专业人员总数的组合比率估计为 417085 人,估计量的方差估计为 3871948.00,估计量的标准差估计为 1968 人。

R 语言代码:

```
#各层单元总数
Nh=c(135,1228);
#总体单元总数
N=sum(Nh);
#各层样本量
nh=c(10,14);
#总样本量
n=sum(nh);
#各层权数
Wh=round(Nh/N,4);
#各层均值
Xh=c(75650,315612);
#总均值
X=sum(Xh)
#各层样本
y1<-c(224,1110,714,393,189,677,61,828,101,228)
x1<-c(215,1082,675,382,180,632,56,812,98,217)
y2<-c(94,132,62,17,702,88,227,45,42,165,429,104,107,290)
```

```
x2<-c(87,123,59,14,657,83,208,42,38,148,390,97,103,284)
#各层样本总值
yh=c(sum(y1),sum(y2));
xh=c(sum(x1),sum(x2));
syh2=c(var(y1),var(y2));
sxh2=c(var(x1),var(x2));
sxyh=c(cov(x1,y1),cov(x2,y2));
#各层样本分别比率
rh=round(yh/xh,4);
#总值估计
yst=sum(Nh*yh/nh);
xst=sum(Nh*xh/nh);
#样本组合比率
rst=round(yst/xst,4);
#2014 年底全市专业人员总数的分别比率估计量为
Yrs=round(sum(rh*Xh));
#2014 年底全市专业人员总数分别比率估计量的方差估计为
vYrs=round(sum(Nh^2*(1-nh/Nh)/nh*(syh2+sxh2*rh^2-2*rh*
sxyh)),4);
#2014 年底全市专业人员总数分别比率估计量的标准差估计为
sdvYrs=round(sqrt(vYrs));
#2014 年底全市专业人员总数的组合比率估计量为
Yrc=round(rst*X);
#2014 年底全市专业人员总数组合比率估计量的方差估计为
vYrc=round(sum(Nh^2*(1-nh/Nh)/nh*(syh2+sxh2*rst^2-2*rst*
sxyh)),4);
#2014 年底全市专业人员总数组合比率估计量的标准差估计为
sdvYrc=round(sqrt(vYrc));
```

10. 某企业集团共有甲、乙两个企业，他们拥有类型相同的机器，分别为 600 和 800 台。为了解平均每台机器一年中的修理天数，年底分别从两个企业中随机抽取 10 台机器的工作记录，如表 4.9 所示，x_i 和 y_i 分别表示上年度和本年度修理天数。已知上年度甲乙两个企业修理天数分别为 4000 天和 5000 天。试用比率估计量对该集团平均每台机器一年修理天数进行估计,并给出估计方差。

表 4.9 两个企业机器修理天数 单位:天

企业甲			企业乙		
序号	x_{1i}	y_{1i}	序号	x_{2i}	y_{2i}
1	5	6	1	3	4
2	7	8	2	6	8
3	0	1	3	1	0
4	6	5	4	10	17
5	6	6	5	12	11
6	11	12	6	8	6
7	14	15	7	9	9
8	15	17	8	7	10
9	12	11	9	0	2
10	8	6	10	4	5

解:由题意可知,总体划分为两层,$L=2$。两个层的单元数依次为 $N_1=600$,$N_2=800$,总值依次为 $X_1=4000$,$X_2=5000$。样本量依次为 $n_1=10$,$n_2=10$。利用数据可以计算,两个层的权数分别为

$$W_1=\frac{N_1}{\sum_{h=1}^{L} N_h}=0.4286$$

$$W_2=\frac{N_2}{\sum_{h=1}^{L} N_h}=0.5714$$

总体总值为

$$X=\sum_{h=1}^{L} X_h=9000$$

样本总值依次为

$$y_1=\sum_{i=1}^{n_1} y_{1i}=87$$

$$x_1=\sum_{i=1}^{n_1} x_{1i}=84$$

$$y_2=\sum_{i=1}^{n_2} y_{2i}=72$$

$$x_2=\sum_{i=1}^{n_2}x_{2i}=60$$

样本方差为

$$s_{y1}^2=\frac{1}{n_1-1}\sum_{i=1}^{n_1}(y_{1i}-\bar{y}_1)^2=24.46$$

$$s_{y2}^2=\frac{1}{n_2-1}\sum_{i=1}^{n_2}(y_{2i}-\bar{y}_2)^2=24.18$$

$$s_{x1}^2=\frac{1}{n_1-1}\sum_{i=1}^{n_1}(x_{1i}-\bar{x}_1)^2=21.16$$

$$s_{x2}^2=\frac{1}{n_2-1}\sum_{i=1}^{n_2}(x_{2i}-\bar{x}_2)^2=15.56$$

样本协方差分别为

$$s_{yx1}=\frac{1}{n_1-1}\sum_{i=1}^{n_1}(y_{1i}-\bar{y}_1)(x_{1i}-\bar{x}_1)=22.02$$

$$s_{yx2}=\frac{1}{n_2-1}\sum_{i=1}^{n_2}(y_{2i}-\bar{y}_2)(x_{2i}-\bar{x}_2)=16.56$$

各层的样本比率分别为

$$r_1=\frac{y_1}{x_1}=1.0357$$

$$r_2=\frac{y_2}{x_2}=1.2000$$

总值估计分别为

$$\hat{X}_{ST}=\sum_{h=1}^{L}N_h\bar{x}_h=10980$$

$$\hat{Y}_{ST}=\sum_{h=1}^{L}N_h\bar{y}_h=9840$$

样本组合比率为

$$r_{ST}=\frac{\hat{Y}_{ST}}{\hat{X}_{ST}}=1.1159$$

该集团平均每台机器一年修理天数的分别比率估计量为

$$\hat{\bar{Y}}_{RS}=\sum_{h=1}^{L}W_h r_h\bar{X}_h=7.24$$

该集团平均每台机器一年修理天数分别比率估计量的方差估计为

$$v(\hat{\bar{Y}}_{RS})=\sum_{h=1}^{L}\frac{W_h^2(1-f_h)}{n_h}(s_{yh}^2+r_h^2s_{xh}^2-2r_hs_{yxh})=0.2485$$

该集团平均每台机器一年修理天数分别比率估计量的标准差估计为

$$\sqrt{v(\hat{\bar{Y}}_{RS})}=0.50$$

从而,该集团平均每台机器一年修理天数的分别比率估计为 7.24 天,估计量的方差估计为 0.2485,估计量的标准差估计为 0.50 天。

该集团平均每台机器一年修理天数的组合比率估计量为

$$\hat{\bar{Y}}_{RC}=\bar{X}r_{ST}=7.17$$

该集团平均每台机器一年修理天数组合比率估计量的方差估计为

$$v(\hat{\bar{Y}}_{RC})=\sum_{h=1}^{L}\frac{W_h^2(1-f_h)}{n_h}(s_{yh}^2+r_{ST}^2s_{xh}^2-2r_{ST}s_{yxh})=0.2428$$

该集团平均每台机器一年修理天数组合比率估计量的标准差估计为

$$\sqrt{v(\hat{\bar{Y}}_{RC})}=0.49$$

从而,该集团平均每台机器一年修理天数的组合比率估计为 7.17 天,估计量的方差估计为 0.2428,估计量的标准差估计为 0.49 天。

R 语言代码:

```
#各层单元总数
Nh=c(600,800);
#总体单元总数
N=sum(Nh);
#各层样本量
nh=c(10,10);
#总样本量
n=sum(nh);
#各层权数
Wh=round(Nh/N,4);
#各层均值
Xh=c(4000,5000);
#总均值
X=sum(Xh)
#各层样本
```

```
y1<-c(6,8,1,5,6,12,15,17,11,6)
x1<-c(5,7,0,6,6,11,14,15,12,8)
y2<-c(4,8,0,17,11,6,9,10,2,5)
x2<-c(3,6,1,10,12,8,9,7,0,4)
#各层样本总值
yh=c(sum(y1),sum(y2));
xh=c(sum(x1),sum(x2));
syh2=round(c(var(y1),var(y2)),2);
sxh2=round(c(var(x1),var(x2)),2);
sxyh=round(c(cov(x1,y1),cov(x2,y2)),2);
#各层样本分别比率
rh=round(yh/xh,4);
#样本总值
yst=sum(Nh*yh/nh);
xst=sum(Nh*xh/nh);
#样本组合比率
rst=round(yst/xst,4);
#该集团平均每台机器一年修理天数的分别比率估计为
Yrs=round(sum(Wh*rh*Xh/Nh),2);
#该集团平均每台机器一年修理天数分别比率估计量的方差估计为
vYrs=round(sum(Wh^2*(1-nh/Nh)/nh*(syh2+sxh2*rh^2-2*rh*
sxyh)),4);
#该集团平均每台机器一年修理天数分别比率估计量的标准差估计为
sdvYrs=round(sqrt(vYrs),2);
#该集团平均每台机器一年修理天数的组合比率估计为
Yrc=round(rst*X/N,2);
#该集团平均每台机器一年修理天数组合比率估计量的方差估计为
vYrc=round(sum(Wh^2*(1-nh/Nh)/nh*(syh2+sxh2*rst^2-2*rst*
sxyh)),4);
#该集团平均每台机器一年修理天数组合比率估计量的标准差估计为
sdvYrc=round(sqrt(vYrc),2);
```

11. 根据习题 7 的调查数据，如果凭借着果农的经验指导，果树株树和果实产量之间存在强烈的线性关系。对于产区和非产区来说经验的分别回归系数为 53 和 55,组合回归系数为 53.5。试用分别回归估计量和联合回归估计对该地区的果树种植总株树进行估计。

解:由题意可知,总体划分为两层,产区层和非产区层,$L=2$。两层单元数依次为 $N_1=210$, $N_2=150$,两层样本量依次为 $n_1=50$, $n_2=40$,两层样本总值为 $y_1=12225$, $y_2=2400$, $x_1=225$, $x_2=39$。本年度果实总产量依次为 $X_1=900$, $X_2=140$。样本方差分别为 $s_{x1}^2=35$, $s_{x2}^2=0.49$, $s_{y1}^2=100483$, $s_{y2}^2=1552$,样本协方差分别为 $s_{yx1}=1865$, $s_{yx2}=27$。利用数据计算的两个层权数分别为 $W_1=0.5833$, $W_2=0.4167$。经验的分别回归系数为 $b_1=53$, $b_2=55$,组合回归系数为 $b=53.5$。

该地区果树种植总株树的分别回归估计为

$$\hat{Y}_{LRS}=\sum_{h=1}^{L}N_h[\bar{y}_h+b_h(\bar{X}_h-\bar{x}_h)]=57616$$

该地区果树种植总株树分别回归估计量的方差估计为

$$v(\hat{Y}_{LRS})=\sum_{h=1}^{L}\frac{N_h^2(1-f_h)}{n_h}(s_{yh}^2+b_h^2s_{xh}^2-2b_hs_{yxh})=771079.10$$

该地区果树种植总株树分别回归估计量的标准差估计为

$$\sqrt{v(\hat{Y}_{LRS})}=878$$

从而,该地区果树种植总株树的分别回归估计为 57616 株,估计量的方差估计为 771079.10,估计量的标准差估计为 878 株。

该地区果树种植总株树的组合回归估计为

$$\hat{Y}_{LRC}=\sum_{h=1}^{L}N_h[\bar{y}_h+b(\bar{X}_h-\bar{x}_h)]=57603$$

该地区果树种植总株树组合回归估计量的方差估计为

$$v(\hat{Y}_{LRC})=\sum_{h=1}^{L}\frac{N_h^2(1-f_h)}{n_h}(s_{yh}^2+b^2s_{xh}^2-2bs_{yxh})=770755.80$$

该地区果树种植总株树组合回归估计量的标准差估计为

$$\sqrt{v(\hat{Y}_{LRC})}=878$$

从而,该地区果树种植总株树的组合回归估计为 57603 株,估计量的方差估计为 770755.80,估计量的标准差估计为 878 株。

R 语言代码:

```
#各层单元总数
Nh=c(210,150);
```

```
#总体单元总数
N=sum(Nh);
#各层样本量
nh=c(50,40);
#总样本量
n=sum(nh);
#各层均值
Xh=c(900,140);
#各层样本总值
yh=c(12225,2400);
xh=c(225,39);
sxh2=c(35,0.49);
syh2=c(100483,1552);
sxyh=c(1865,27);
#各层权数
Wh=round(Nh/N,4);
#总值
X=sum(Xh);
#各层回归系数
bh=c(53,55);
#组合回归系数
b=53.5;
#该地区果树种植总株树的分别回归估计量为
Yrs=round(sum(Nh*(yh/nh+bh*(Xh/Nh-xh/nh))));
#该地区果树种植总株树分别回归估计量的方差估计为
vYrs=round(sum(Nh^2*(1-nh/Nh)/nh*(syh2+sxh2*bh^2-2*bh*
sxyh)),4);
#该地区果树种植总株树分别回归估计量的标准差估计为
sdvYrs=round(sqrt(vYrs));
#该地区果树种植总株树的组合回归估计量为
Yrc=round(sum(Nh*(yh/nh+b*(Xh/Nh-xh/nh))));
#该地区果树种植总株树组合回归估计量的方差估计为
vYrc=round(sum(Nh^2*(1-nh/Nh)/nh*(syh2+sxh2*b^2-2*b*
```

```
sxyh)),4);
#该地区果树种植总株树组合回归估计量的标准差估计为
sdvYrc=round(sqrt(vYrc));
```

12. 根据第 10 题的数据，应用回归估计量对平均每台机器一年的维修天数进行估计，并计算因维修而损失的机器工作天数。

解:由题意可知，总体划分为两层，$L=2$。两个层的单元数依次为 $N_1=600$，$N_2=800$，总值依次为 $X_1=4000$，$X_2=5000$，$X=9000$。样本量依次为 $n_1=10$，$n_2=10$。利用数据的计算结果，两个层的权数分别为 $W_1=0.4286$，$W_2=0.5714$；样本总值为 $y_1=87$，$x_1=84$，$y_2=72$，$x_2=60$；样本方差为 $s_{y1}^2=24.46$，$s_{y2}^2=24.18$，$s_{x1}^2=21.16$，$s_{x2}^2=15.56$；样本协方差为 $s_{yx1}=22.02$，$s_{yx2}=16.56$。

各层的回归系数估计分别为

$$\hat{b}_1=\frac{s_{yx1}}{s_{x1}^2}=1.0406$$

$$\hat{b}_2=\frac{s_{yx2}}{s_{x2}^2}=1.0643$$

该集团平均每台机器一年修理天数的分别回归估计为

$$\hat{\bar{Y}}_{LRS}=\sum_{h=1}^{L}W_h[\bar{y}_h+\hat{b}_h(\bar{X}_h-\bar{x}_h)]=7.22$$

该集团平均每台机器一年修理天数分别回归估计量的方差估计为

$$v(\hat{\bar{Y}}_{LRS})=\sum_{h=1}^{L}\frac{W_h^2(1-f_h)}{n_h}\left(\frac{n_h-1}{n_h-2}\right)(s_{yh}^2+\hat{b}_h^2s_{xh}^2-2\hat{b}_hs_{yxh})=0.2393$$

该集团平均每台机器一年修理天数分别回归估计量的标准差估计为

$$\sqrt{v(\hat{\bar{Y}}_{LRS})}=0.49$$

从而，该集团平均每台机器一年修理天数的分别回归估计为 7.22 天，估计量的方差估计为 0.2393，估计量的标准差估计为 0.49 天。

该集团因维修而损失的机器工作总天数的分别回归估计为

$$\hat{Y}_{LRS}=\sum_{h=1}^{L}N_h[\bar{y}_h+\hat{b}_h(\bar{X}_h-\bar{x}_h)]=10110.64$$

该集团因维修而损失的机器工作总天数分别回归估计量的方差估计为

$$v(\hat{Y}_{LRS})=\sum_{h=1}^{L}\frac{N_h^2(1-f_h)}{n_h}\left(\frac{n_h-1}{n_h-2}\right)(s_{yh}^2+\hat{b}_h^2s_{xh}^2-2\hat{b}_hs_{yxh})=469017.00$$

该集团因维修而损失的机器工作总天数分别回归估计量的标准差估计为

$$\sqrt{v(\hat{Y}_{LRS})}=684.85$$

从而,该集团因维修而损失的机器工作总天数的分别回归估计为 10110.64 天,估计量的方差估计为 469017,估计量的标准差估计为 684.85 天。

组合回归系数估计分别为

$$\hat{b}=\frac{\sum_{h=1}^{L}\frac{W_h^2(1-f_h)}{n_h}s_{yxh}}{\sum_{h=1}^{L}\frac{W_h^2(1-f_h)}{n_h}s_{xh}^2}=1.0541$$

该集团平均每台机器一年修理天数的组合回归估计为

$$\hat{\bar{Y}}_{LRC}=\sum_{h=1}^{L}W_h[\bar{y}_h+\hat{b}(\bar{X}_h-\bar{x}_h)]=7.21$$

该集团平均每台机器一年修理天数组合回归估计量的方差估计为

$$v(\hat{\bar{Y}}_{LRC})=\sum_{h=1}^{L}\frac{W_h^2(1-f_h)}{n_h}(s_{yh}^2+\hat{b}^2s_{xh}^2-2\hat{b}s_{yxh})=0.2394$$

该集团平均每台机器一年修理天数组合回归估计量的标准差估计为

$$\sqrt{v(\hat{\bar{Y}}_{LRC})}=0.49$$

从而,该集团平均每台机器一年修理天数的组合回归估计为 7.17 天,估计量的方差估计为 0.2394,估计量的标准差估计为 0.49 天。

该集团因维修而损失的机器工作总天数的组合回归估计为

$$\hat{Y}_{LRC}=\sum_{h=1}^{L}N_h[\bar{y}_h+\hat{b}(\bar{X}_h-\bar{x}_h)]=10094.56$$

该集团因维修而损失的机器工作总天数组合回归估计量的方差估计为

$$v(\hat{Y}_{LRC})=\sum_{h=1}^{L}\frac{N_h^2(1-f_h)}{n_h}(s_{yh}+\hat{b}^2s_{xh}^2-2\hat{b}s_{yxh})=469254.30$$

该集团因维修而损失的机器工作总天数组合回归估计量的标准差估计为

$$\sqrt{v(\hat{Y}_{LRC})}=685.02$$

从而,该集团因维修而损失的机器工作总天数的组合回归估计为 10094.56 天,估计量的方差估计为 469254.30,估计量的标准差估计为 685.02 天。

R 语言代码:

```
# Number 12
#各层单元总数
```

```
Nh=c(600,800);
#总体单元总数
N=sum(Nh);
#各层样本量
nh=c(10,10);
#总样本量
n=sum(nh);
#各层权数
Wh=round(Nh/N,4);
#各层均值
Xh=c(4000,5000);
#总均值
X=sum(Xh)
#各层样本
y1<-c(6,8,1,5,6,12,15,17,11,6)
x1<-c(5,7,0,6,6,11,14,15,12,8)
y2<-c(4,8,0,17,11,6,9,10,2,5)
x2<-c(3,6,1,10,12,8,9,7,0,4)
#各层样本总值
yh=c(sum(y1),sum(y2));
xh=c(sum(x1),sum(x2));
syh2=round(c(var(y1),var(y2)),2);
sxh2=round(c(var(x1),var(x2)),2);
sxyh=round(c(cov(x1,y1),cov(x2,y2)),2);
#各层样本分别回归系数估计
bh=round(sxyh/sxh2,4);
#该集团平均每台机器一年修理天数的分别回归估计为
Ybarlrs=round(sum(Wh*(yh/nh+bh*(Xh/Nh-xh/nh))),2);
#该集团平均每台机器一年修理天数分别回归估计量的方差估计为
vYbarlrs=round(sum(Wh^2*(1-nh/Nh)/nh*(syh2+sxh2*bh^2-2*
bh*sxyh)),4);
#该集团平均每台机器一年修理天数分别回归估计量的标准差估计为
sdvYbarlrs=round(sqrt(vYbarlrs),2);
```

```
#该集团因维修而损失的机器工作总天数的分别回归估计为
Ylrs=round(sum(Nh*(yh/nh+bh*(Xh/Nh-xh/nh))),2);
#该集团因维修而损失的机器工作总天数分别回归估计量的方差估计为
vYlrs=round(sum(Nh^2*(1-nh/Nh)/nh*(syh2+sxh2*bh^2-2*bh*sxyh)),4);
#该集团因维修而损失的机器工作总天数分别回归估计量的标准差估计为
sdvYlrs=round(sqrt(vYlrs),2);
#各层样本分别回归系数估计
b=round(sum(Wh^2*(1-nh/Nh)/nh*sxyh)/sum(Wh^2*(1-nh/Nh)/nh*sxh2),4);
#该集团平均每台机器一年修理天数的组合回归估计为
Ybarlrc=round(sum(Wh*(yh/nh+b*(Xh/Nh-xh/nh))),2);
#该集团平均每台机器一年修理天数组合回归估计量的方差估计为
vYbarlrc=round(sum(Wh^2*(1-nh/Nh)/nh*(syh2+sxh2*b^2-2*b*sxyh)),4);
#该集团平均每台机器一年修理天数组合回归估计量的标准差估计为
sdvYbarlrc=round(sqrt(vYbarlrc),2);
#该集团因维修而损失的机器工作总天数的组合回归估计为
Ylrc=round(sum(Nh*(yh/nh+b*(Xh/Nh-xh/nh))),2);
#该集团因维修而损失的机器工作总天数组合回归估计量的方差估计为
vYlrc=round(sum(Nh^2*(1-nh/Nh)/nh*(syh2+sxh2*b^2-2*b*sxyh)),4);
#该集团因维修而损失的机器工作总天数组合回归估计量的标准差估计为
sdvYlrc=round(sqrt(vYlrc),2);
```

第 5 章 等距抽样

5.1 等距抽样的基本概念和定义

1. 等距抽样: 假设总体有 N 个单元,按某顺序排列,依次给 N 个单元指定号码 1 到 N 。为了随机抽取容量 n 的样本,先从前 k 个单元中随机抽取 1 个单元,以后每隔 k 个单元抽取 1 个单元,直到抽满 n 个单元为止。这样的抽样过程称作 k 等距抽样。其中固定间隔 k 称为抽样间距。当 N 不是 n 的整数倍,从总体中抽取等距样本,样本的容量不一定相等。

2. 圆形等距抽样: 拉希里(Lahili)于 1952 年提出了圆形等距抽样。对于 $N \neq nk$ 的情形,将总体的 N 个单元按某顺序排列,依次给 N 个单元指定号码 1 到 N ,将这些号码看成首尾相连的环,看成是圆形排列。抽取容量 n 的随机样本,从 1 到 N 中抽取随机起点 i ,沿着圆形每隔 k 个单元抽取 1 个单元,直到抽满 n 个单元为止。这种等距抽样称为圆形等距抽样。圆形等距抽样不会产生容量不等的样本。

3. 直线等距抽样: 令总体有 $N=nk$ 个单元,抽取容量 n 的随机样本,先按某顺序排列,依次给 N 个单元指定号码 1 到 N,从前 k 个单元中随机抽取 1 个单元,以后每隔 k 个单元抽取 1 个单元,直到抽满 n 个单元为止。

4. 等距样本内方差 S_{WSY}^2 和成对单元之间的相关系数 ρ_{WSY}:

$$S_{WSY}^2 = \frac{\sum_{i=1}^{k}\sum_{j=1}^{n}(y_{ij}-\bar{Y})^2}{(n-1)k}$$

$$\rho_{WSY} = \frac{E_{u\neq j}(y_{ij}-\bar{Y})(y_{iu}-\bar{Y})}{E(y_{ij}-\bar{Y})^2} = \frac{\dfrac{\sum_{i=1}^{k}\sum_{j=1}^{n}\sum_{u>j}^{n}(y_{ij}-\bar{Y})(y_{iu}-\bar{Y})}{N(n-1)/2}}{\dfrac{\sum_{i=1}^{k}\sum_{j=1}^{n}(y_{ij}-\bar{Y})^2}{N}}$$

5. 层内方差 S_{WST}^2 和层内相关系数 ρ_{WST}:

$$S_{WST}^2 = \frac{\sum_{j=1}^{n}\sum_{i=1}^{k}(y_{ij}-\bar{y}_{0j})^2}{(k-1)n}$$

$$\rho_{WST} = \frac{E_{u\neq j}(y_{ij} - \bar{y}_{0j})(y_{iu} - \bar{y}_{0u})}{E(y_{ij} - \bar{y}_{0j})^2}$$
$$= \frac{2\sum_{i=1}^{k}\sum_{j=1}^{n}\sum_{u>j}^{n}(y_{ij} - \bar{y}_{0j})(y_{iu} - \bar{y}_{0u})}{n(n-1)(k-1)S_{WST}^2}$$

其中，$\bar{y}_{0i} = \sum_{i=1}^{k} y_{ij}/k$。

6. 麦多中位数抽样：为了抵消随机起点对估计值的影响，麦多（Madow）于 1953 年提出，从每层的中心位置或中心附近抽取单元，即起点选择为

$$r = \begin{cases} (k+1)/2, & k\text{ 奇} \\ k/2\text{ 或 }1+k/2, & k\text{ 偶} \end{cases}$$

入样的单元编号依次为 $r, r+k, r+2k, \cdots$。这种等距抽样称为中位数等距抽样，或中位数抽样。

7. 赛蒂对称等距抽样：赛蒂（Sethi）于 1965 年提出了对称等距抽样。当样本量 n 为偶数时，将总体划分为 $n/2$ 个层，每层单元数为 $2k$。从每层中随机抽取与端点等距的 2 个单元进入样本单元。当样本量 n 为奇数时，对称等距抽样将总体划分为 $(n-1)/2+1$ 个层，其中 $(n-1)/2$ 个层包含 $2k$ 个单元，抽取 2 个对称单元，1 个层只包含 k 个单元，只抽取 1 个单元。通常，将含 k 个单元的层设定在总体的中间，单元编号从 $(n-1)k/2+1$ 到 $(n+1)k/2$，从这个层中抽取随机起点编号或者中点位置的单元进入样本。

8. 辛对称等距抽样：辛（Singh）等于 1968 年改进了对称等距抽样，从总体两端按等距离进行抽样。设随机起点为随机数 r，$n/2$ 对样本单元的入样号码为 $r+jk, N-jk-r+1$，其中 $j=0,1,\cdots,n/2-1$。

5.2 等距抽样的估计量及其性质

等距抽样符号说明：记总体单元总数为 N，样本容量为 n，总体总值为 Y，总体均值为 $\bar{Y}$，总体的 C 类单元数为 A，总体比例为 P，总体方差为 S^2。样本的 C 类单元数为 a，样本比例为 p。单元标志值为 $y_{ij} = y_{(j-1)k+i}$，即 y_{i1}，y_{i2}，…，y_{ij}，…，y_{in} 为所抽取的样本为随机起点 i 的样本。样本均值为 $\bar{y}_{i0}$，样本方差为 s^2，等距样本内方差为 S_{WSY}^2，等距样本内成对单元之间的相关系数为 ρ_{WAY}，层内方差为 S_{WST}^2，层内相关系数为 ρ_{WST}。

1. 总体均值的估计

总体均值的估计量

$$\hat{\bar{Y}}_{SY}=\sum\nolimits_{j=1}^{n}y_{ij}/n=\bar{y}_{i0}$$

总体均值估计量的方差

$$V(\hat{\bar{Y}}_{SY})=\frac{(N-1)S^2}{N}-\frac{k(n-1)S_{WSY}^2}{N}$$

$$V(\hat{\bar{Y}}_{SY})=\frac{(N-1)S^2}{Nn}[1+(n-1)\rho_{WSY}]$$

$$V(\hat{\bar{Y}}_{SY})=\frac{(1-f){S_{WST}}^2}{n}[1+(n-1)\rho_{WSY}]$$

总体均值估计量的方差估计,在总体单元是完全按照随机顺序排列的情形下,

$$v(\hat{\bar{Y}}_{SY})=\frac{(1-n/N)s^2}{n}$$

对于 $N=nk$,等距样本的简单估计量 $\hat{\bar{Y}}_{SY}$ 是总体均值 $\bar{Y}$ 的无偏估计量。

2. 总体总值的估计

总体总值的估计量

$$\hat{Y}_{SY}=N\hat{\bar{Y}}_{SY}$$

总体总值估计量的方差

$$V(\hat{Y}_{SY})=N[(N-1)S^2-k(n-1)S_{WSY}^2]$$

$$V(\hat{Y}_{SY})=\frac{N(N-1)S^2}{n}[1+(n-1)\rho_{WSY}]$$

$$V(\hat{Y}_{SY})=\frac{N^2(1-f)S_{WST}^2}{n}[1+(n-1)\rho_{WSY}]$$

总体总值估计量的方差估计,在总体单元是完全按照随机顺序排列的情形下,

$$v(\hat{Y}_{SY})=\frac{N^2(1-n/N)s^2}{n}$$

对于 $N=nk$,等距样本的简单估计量 $\hat{Y}_{SY}$ 是总体总值 Y 的无偏估计量。

3. 总体比率的估计

总体比率的估计量

$$\hat{R}_{SY}=\frac{\sum\nolimits_{j=1}^{n}y_{ij}}{\sum\nolimits_{j=1}^{n}x_{ij}}$$

4. 总体比例的估计

总体比例的估计量

$$\hat{P}_{SY}=a_i/n$$

5.3　习题解答

1. 某班级有 50 名学生,编号分别为 1,2,…,50,若样本量为 8,随机起点为编号 6,试用圆形等距抽样方法列出样本单元编号。

解: 由题可知,总体单元数为 $N=50$,样本容量 $n=8$,样本起始点 $r=6$,单元编号为 $i=1,2,3,\cdots,50$。圆形等距抽样的抽样间距为

$$k=\left\lceil\frac{50}{8}\right\rceil=7$$

从编号 $i=6$ 的单元起始开始抽取,则圆形等距抽样的样本序号为 6,13,20,27,34,41,48,5,即抽取的样本为 $y_6,y_{13},y_{20},y_{27},y_{34},y_{41},y_{48},y_5$。

R 语言代码:

```
#总体单元数
N=50;
#样本量
n=8;
#起始单元序号
r=6;
#抽样间距
k=ceiling(N/n)
yNo=r+k*seq(0,n-1);
yNo=(r+k*seq(0,n-1))%%N;
yNo[yNo==0]=N;
```

2. 某班级有 48 名学生,编号分别为 1,2,…,48,若样本量为 7,随机起点为编号 4,试用赛蒂对称等距抽样和辛对称等距抽样方法列出样本单元编号。

解: 由题可知,总体单元数 $N=48$,样本容量 $n=7$,样本起始点 $r=4$,样本单元编号为 $i=1,2,3,\cdots,48$。等距抽样的抽样间距为

$$k=\left\lceil\frac{48}{7}\right\rceil=7$$

赛蒂对称等距抽样的过程为:

由于样本量 $n=7$ 为奇数,将总体划分为 $(n-1)/2+1=(7-1)/2+1=4$ 个层,其中三个层包含 14 个单元,抽取 2 个对称单元,一个层包含 6 个单元,抽取 2 个单元。层内单元序号范围分别是[1,14],[15,28],[29,42],[43,48]。随机起点 $r=4$,

从第一层中选取的单元编号为 4,11,其中 $|4-1|=|11-14|$;

从第二层中选取的单元编号为 18,25,其中 $|18-15|=|25-28|$;

从第三层中选取的单元编号为 32,39,其中 $|32-29|=|39-42|$;

从第四层中选取的单元编号为 46 或 45,其中 $46=(43+48+1)/2$;

即抽取的样本为 $y_4, y_{11}, y_{18}, y_{25}, y_{32}, y_{39}, y_{46}$,或者 $y_4, y_{11}, y_{18}, y_{25}, y_{32}, y_{39}, y_{45}$。

辛对称等距抽样的过程为:

由于样本量 $n=7$ 为奇数,对称等距抽样划分为 $(n-1)+1=6+1=7$ 个层,其中六个层包含 7 个单元,一个层包含 6 个单元,从每个层抽取 1 个单元。包含层内单元序号范围分别是[1,7],[42,48],[8,14],[35,41],[15,21],[28,34],[22,27]。随机起点 $r=4$,

从第一层和第二层中选取的单元编号为 4,45,其中 $|4-1|=|48-45|$;

从第三层和第四层中选取的单元编号为 11,38,其中 $|11-1|=|48-38|$;

从第五层和第六层中选取的单元编号为 18,31,其中 $|18-1|=|48-31|$;

从第七层的单元编号为 25 或 24,其中 $25=(48+1+1)/2$;

即抽取的样本为 $y_4, y_{45}, y_{11}, y_{38}, y_{18}, y_{31}, y_{25}$ 或者 $y_4, y_{45}, y_{11}, y_{38}, y_{18}, y_{31}, y_{24}$。

R 语言代码

```
N=48;
n=7;
r=4;
#总体单元数
N=48;
#样本量
n=7;
#起始单元序号
r=4;
```

```
#抽取的赛蒂对称等距抽样为:
#抽样间距
SDk=ceiling(N/n);
SDL=floor(N/(2*n));
#层数为奇数的情况
{SDyNo1=c(r+2*SDk*seq(0,SDL-1),2*SDk-r+1+2*SDk*seq
(0,SDL-1),ceiling((2*SDL*SDk+1+N)/2))};
#层数为奇数的情况,最后一组的单元数为偶数,也可以另一个样本
{SDyNo2=c(r+2*SDk*seq(0,SDL-1),2*SDk-r+1+2*SDk*seq
(0,SDL-1),floor((2*SDL*SDk+1+N)/2))};
#抽取的赛蒂对称等距抽样为:
#抽样间距
Xk=ceiling(N/n);
XL=floor(N/(2*n));
#层数为奇数的情况
{XyNo1=c(r+Xk*seq(0,XL-1),N-r+1-Xk*seq(0,XL-1),ceiling
((N+1)/2))}
#层数为奇数的情况,最后一组的单元数为偶数,也可以为另一个样本
#{XyNo2=c(r+Xk*seq(0,XL-1),N-r+1-Xk*seq(0,XL-1),floor
((N+1)/2))}
#层数为偶数的情况
{XyNo3=c(r+Xk*seq(0,XL-1),N-r+1+Xk*seq(0,XL-1))};
```

3. 表5.1是1900年以来美国的每隔5年离婚率数据。试利用该数据估计1900—1980年的平均离婚率。对于该数据,试比较系统抽样和简单随机抽样?

表5.1 1900年以来美国的离婚率 单位:%

年份	离婚率	年份	离婚率
1900	0.7	1945	3.5
1905	0.8	1950	2.6
1910	0.9	1955	2.3
1915	1.0	1960	2.2

续表

年份	离婚率	年份	离婚率
1920	1.6	1965	2.5
1925	1.5	1970	3.5
1930	1.6	1975	4.8
1935	1.7	1980	5.2
1940	2.0		

解:由题可知,给出的单元总数 $N=81$,样本量 $n=17$,抽样间距 $k=5$,随机起始点 $r=1$,抽样方法是等距抽样。利用数据,可以计算

$$\bar{y}_{i0}=\frac{1}{n}\sum_{j=1}^{n}y_{ij}=2.26$$

样本方差为

$$s^2=\frac{1}{n-1}\sum_{j=1}^{n}(y_{ij}-\bar{y}_{i0})^2=1.7613$$

1900—1980 年平均离婚率的估计为

$$\hat{\bar{Y}}_{SY}=\bar{y}_{i0}=2.26$$

1900—1980 年平均离婚率估计量的方差估计为

$$v(\hat{\bar{Y}}_{SY})=\frac{(1-n/N)s^2}{n}=0.0819$$

1900—1980 年平均离婚率估计量的标准差估计为

$$\sqrt{v(\hat{\bar{Y}}_{SY})}=0.29$$

从而,1900—1980 年平均离婚率的估计值为 2.26%,其标准差估计为 0.29%。

本题目的样本单元观测值呈线性增加趋势排列,系统抽样相对更好地抵消这种增长趋势对总体均值估计量的影响,相对方差会更小,抽样过程也更简单。针对这一情况,用系统抽样好于简单随机抽样。

R 语言代码:

```
#总体单元数
N=81;
#样本量
n=17;
```

```
#起始单元序号
r=1;
#样本
y=c(0.7,0.8,0.9,1.0,1.6,1.5,1.6,1.7,2.0,3.5,2.6,2.3,2.2,2.5,3.5,
4.8,5.2);
#样本均值
ymean=round(sum(y)/n,2);
#样本方差
sy2=round(sum((y-ymean)^2)/(n-1),4);
#1900—1980年的平均离婚率的估计为
Ysy=ymean;
#1900—1980年的平均离婚率估计量的方差估计为
vY=round((1-n/N)*sy2/n,4);
#1900—1980年的平均离婚率估计量的标准差估计为
sdvY=round(sqrt(vY),2);
```

4. 某本书共有400页，欲每隔15页抽一页作为样本，估计该书中的总字数。试问从1—15中抽取1个随机起点，采用直线等距抽样，有多少个可能样本？样本量分别是多少？若从1—400中抽取一个随机数除以15，将余数作为随机起点（余数为0代表15），然后每隔15页抽取1页，这种抽样方法与第一种抽样方法是否有区别？若采用圆形等距抽样，有多少个可能样本？上述三种抽取方法的样本均值作为总体均值的估计量，试说明估计量的无偏性。

解：由题可知，总体单元总数 $N=400$，抽样间隔 $k=15$。

若采取直线等距抽样：

方法1：从1—15中抽取1个随机起点，随机起点 $r=1,\cdots,15$，可能的样本数量是15个，其中随机起点 $r=1,\cdots,10$ 对应样本的样本量为27，随机起点 $r=11,\cdots,15$ 对应样本的容量为26。随机起点 $r=1,\cdots,15$ 被抽中的概率相同，15个可能的样本被抽中的概率相同。记 $r_0=10$，$n=27$。由于

$$E(\hat{\bar{Y}}_{SY})=\sum_{i=1}^{r_0}\left(\frac{1}{k}\frac{1}{n}\sum_{j=1}^{n}y_{i+(j-1)*k}\right)+\sum_{i=r_0+1}^{k}\left(\frac{1}{k}\frac{1}{n-1}\sum_{j=1}^{n-1}y_{i+(j-1)*k}\right)$$

$$=\frac{\sum_{i=1}^{r_0}\sum_{j=1}^{n}y_{i+(j-1)*k}}{nk}+\frac{\sum_{i=r_0+1}^{k}\sum_{j=1}^{n-1}y_{i+(j-1)*k}}{(n-1)k}$$

$$\neq \frac{1}{N}\sum_{i=1}^{N} y_i = \bar{Y}$$

即方法 1 的直线等距样本的简单估计量 $\hat{\bar{Y}}_{SY}$ 不是总体均值 $\bar{Y}$ 的无偏估计量。

方法 2:从 1—400 中抽取一个随机数除以 15,将余数作为随机起点(余数为 0 代表 15),随机起点 $r=1,\cdots,15$,可能的样本数量是 15 个,其中随机起点 $r=1,\cdots,10$ 对应样本的样本量为 27,随机起点 $r=11,\cdots,15$ 对应样本的样本量为 26。每个随机起点 $r=1,\cdots,15$ 被抽中的概率不相同,15 个可能的样本被抽中的概率不相同。其中随机起点 $r=1,\cdots,10$ 被抽中的概率为 27/400,随机起点 $r=11,\cdots,15$ 被抽中的概率为 26/400。记 $r_0=10$, $n=27$。本方法中,由于编号除以 k 的单元小于等于 r_0 的被抽中了 n,对样本均值的贡献都是 y_i/n,由于编号除以 k 的单元大于 r_0 的被抽中了 $n-1$,对样本均值的贡献都是 $y_i/(n-1)$,每个编号被抽中的概率都等于 $1/N$,

$$E(\hat{\bar{Y}}_{SY}) = \sum_{r\leqslant r_0}\frac{y_i}{n}\frac{1}{N}n + \sum_{r>r_0}\frac{y_i}{(n-1)}\frac{1}{N}(n-1) = \frac{1}{N}\left(\sum_{r\leqslant r_0} y_i + \sum_{r>r_0} y_i\right) = \bar{Y}$$

即方法 2 的直线等距样本的简单估计量 $\hat{\bar{Y}}_{SY}$ 是总体均值 $\bar{Y}$ 的无偏估计量。因而,采用直线等距抽样,这两种抽样方法不相同。

若采用圆形等距抽样:

方法 3:从 1—400 中抽取 1 个随机起点,随机起点 $r=1,\cdots,400$,可能的样本数量是 400 个,每个样本的样本量为 27,每个可能的样本被抽中的概率相同。令 $n=27$。由于每个样本被抽中的概率都相等,都等于 $1/N$,每个单元在样本均值的贡献都是 y_i/n,每个单元出现只能出现在 n 个样本中。因而,

$$E(\hat{\bar{Y}}_{SY}) = \sum\nolimits_{i=1}^{N}\left(\frac{y_i}{n}\frac{1}{N}n\right) = \frac{\sum\nolimits_{i=1}^{N} y_i}{N} = \bar{Y}$$

即 $E(\hat{\bar{Y}}_{SY}) = \bar{Y}$,圆形等距样本的简单估计量 $\hat{\bar{Y}}_{SY}$ 是总体均值 $\bar{Y}$ 的无偏估计量。

R 语言代码:

```
N=400;
#总体单元数
N=400;
#抽样间距
k=15;
#单元序号
```

```
yNo=c(1:N);
#若采取直线等距抽样
#随机起点为1:15
r1=sample(c(1:k),1);
ysample1=yNo[c(1:N)%%15==r1];
#随机起点为1:400除以15的余数
r2=sample(c(1:N),1)%%15;
r2[r2==0]=15;
ysample2=yNo[(c(1:N)%%15)==(r2%%15)];
#若采用圆形等距抽样
r3=sample(c(1:N),1);
ysample3=(seq(r3,r3+400,k))%%400;
ysample3[ysample3==0]=400;
```

第 6 章 单级整群抽样

6.1 单级整群抽样的基本概念和定义

1. 群单元和整群抽样:包含若干基本单元组成的群体称为群单元或群。抽样单元为群单元的抽样方法称为整群抽样。

2. 单级整群抽样:抽样单元为群单元,对所抽中的群单元的全部基本单元都进行调查,这样的抽样过程称为单级整群抽样。将所有调查的基本单元合并得到的样本,称为单级整群样本。

3. 总体总值、总体均值、总体群均值和第 i 个群均值:总体包含 N 个群单元,记 Y_i 为第 i 个群单元的标志值, y_{ij} 为第 i 个群第 j 个基本单元的标志值, M_i 为第 i 个群单元包含的基本单位数。总体单元总数 $M=\sum_{i=1}^{N} M_i$,总体总值为

$$Y=\sum_{i=1}^{N}\sum_{j=1}^{M_i} y_{ij}=\sum_{i=1}^{N} Y_i$$

总体均值为

$$\bar{\bar{Y}}=\frac{1}{M}\sum_{i=1}^{N}\sum_{j=1}^{M_i} y_{ij}=\frac{1}{M}\sum_{i=1}^{N} Y_i$$

第 i 个群均值为

$$\bar{Y}_i=\frac{1}{M_i}\sum_{j=1}^{M_i} y_{ij}=\frac{Y_i}{M_i}$$

总体群均值为

$$\bar{Y}=\frac{Y}{N}=\frac{1}{N}\sum_{i=1}^{N} Y_i$$

4. 总体方差、总体群内方差、总体群间方差和第 i 个群单元方差:总体方差为

$$S^2=\frac{\sum_{i=1}^{N}\sum_{j=1}^{M_i}(y_{ij}-\bar{\bar{Y}})^2}{M-1}$$

总体群内方差为所有群单元方差的平均值,

$$S_W^2=\frac{\sum_{i=1}^{N}\sum_{j=1}^{M_i}(y_{ij}-\bar{Y}_i)^2}{M-N}$$

总体群间方差描述群单元之间基本单元标志值的变异性，

$$S_b^2=\frac{\sum_{i=1}^{N}\sum_{j=1}^{M_j}(\bar{Y}_i-\bar{\bar{Y}})^2}{N-1}$$

第 i 个群单元方差描述第 i 个群单元内的基本单元标志值的变异性，

$$S_i^2=\frac{\sum_{j=1}^{M_i}(y_{ij}-\bar{Y}_i)^2}{M_i-1}$$

5. 样本总值、样本均值、样本群均值和样本第 i 个群均值：样本包含 n 个群单元，y_i 为样本的第 i 个群单元的标志值，y_{ij} 为第 i 个群第 j 个基本单元的标志值，M_i 为第 i 个群单元包含基本单位数。样本单元总数 $m=\sum_{i=1}^{n}M_i$，样本总值为

$$y=\sum_{i=1}^{n}\sum_{j=1}^{M_i}y_{ij}=\sum_{i=1}^{n}y_i$$

样本均值

$$\bar{\bar{y}}=\frac{1}{\sum_{i=1}^{n}M_i}\sum_{i=1}^{n}\sum_{j=1}^{M_i}y_{ij}=\frac{1}{\sum_{i=1}^{n}M_i}\sum_{i=1}^{n}y_i$$

样本第 i 个群均值为

$$\bar{y}_i=\frac{1}{M_i}\sum_{j=1}^{M_i}y_{ij}=\frac{y_i}{M_i}$$

样本群均值为

$$\bar{y}=\frac{1}{n}\sum_{i=1}^{n}y_i$$

6. 总体群内相关系数和样本群内相关系数：用来描述群单元内基本单元标志值之间的相关性，对于 $M_1=\cdots=M_N=M_0$，总体群内相关系数为

$$\rho=\frac{2\sum_{i=1}^{N}\sum_{k=1}^{M_i}\sum_{j<k}(y_{ij}-\bar{\bar{Y}})(y_{ik}-\bar{\bar{Y}})}{(M_0-1)(NM_0-1)S^2}$$

样本群内相关系数为

$$\hat{\rho}=\frac{2\sum_{i=1}^{n}\sum_{k=1}^{M_i}\sum_{j<k}(y_{ij}-\bar{\bar{y}})(y_{ik}-\bar{\bar{y}})}{(M_0-1)(nM_0-1)s^2}$$

7. 复杂抽样方案的设计效率(Design effect)：复杂抽样方案的估计量方差与基本单元数相同的简单随机样本的估计量方差之比称为该复杂抽样方案的设计效应，即

$$Deff(\hat{\bar{Y}}_A)=\frac{V(\hat{\bar{Y}}_A)}{V(\hat{\bar{Y}})}$$

其中,$V(\hat{\bar{Y}}_A)$ 为容量 n 的复杂抽样方案的估计量的方差,$V(\hat{\bar{Y}})$ 为容量 n 的简单随机样本的简单估计量 $\hat{\bar{Y}}$ 的方差。设计效应 $Deff(\hat{\bar{Y}}_A)$ 小于1,说明复杂抽样方案的估计量的精度高于简单估计量的精度。设计效应 $Deff(\hat{\bar{Y}}_A)$ 大于1,说明复杂抽样方案的估计量的精度低于简单估计量 $\hat{\bar{Y}}$ 的精度。

当群大小相等时,单级整群抽样的设计效应为

$$Deff(\hat{\bar{\bar{Y}}})=\frac{NM_0-1}{M_0(N-1)}[1+(M_0-1)\rho]\approx 1+(M_0-1)\rho$$

8. 不等概率抽群的单级整群抽样:采用有放回的不等概率抽样从抽样框中抽取事前确定数量的群单元,再调查被抽取的群单元中的全部基本单元,并将所有的基本单元合到一起,作为单级整群样本。不等概率抽样应保证每个群单元被抽取的概率等于事前指定的概率值。在进行不等概率抽样之前,制定群单元的抽样框,将每个群单元与其号码一一对应。利用不等概率抽样抽取抽样框中的一组号码,保证抽样框中的每个号码被抽取概率等于事前指定的概率值,被抽取号码对应的群单元组成单级整群样本。通常,不等概率抽样也采用随机数表。每个群单元被抽取的概率与其包含单元数量成比例,相应的不等概率抽群的单级整群抽样简称为 PPS 抽样。

6.2 单级整群抽样的估计量

单级整群抽样中的符号说明:总体的群单元总数为 N,第 i 个群的基本单元数为 M_i,总体的基本单元总数为 M,$M=\sum_{i=1}^{N}M_i$。y_{ij} 第 i 个群第 j 个基本单元的标志值,第 i 个群总值为 Y_i,总体总值为 Y,群均值为 $\bar{Y}$,个体均值为 $\bar{\bar{Y}}$。总体方差为 S^2,群内方差为 S_W^2,第 i 个群的方差为 S_i^2,群间方差为 S_b^2。总体中的 C 类单元总数记为 A,C' 类单元总数为 A',C 类单元总数与总体单元总数之比为总体比例,用 P 表示,$P=A/M$。第 i 个群单元中的 C 类单元数记为 A_i 个,第 i 个群的 C 类单元比例记为 P_i,$P_i=A_i/M_i$。样本的群单元总数为 n,第 i 个群的基本单元数为 m_i,总体的基本单元总数为 m,$m=\sum_{i=1}^{n}m_i$。第 i 个群第 j 个基本单元的标志值记为 y_{ij},第 i 个群单元的标志值为 y_i,第 i 个群均值为 $\bar{y}_i$,样本总

值为 y，样本均值为 $\bar{\bar{y}}$，样本总方差为 s^2。样本的 C 类单元数记为 a，样本比例记为 p，第 i 个群单元中的 C 类单元数记为 a_i，群单元比例记为 p_i，$p_i = a_i/m_i$。置信概率记为 $1-\alpha$，标准正态分布概率为 $\alpha/2$ 对应的上分位数记为 $Z_{\alpha/2}$。

1. 群规模相等($M_1 = M_2 = \cdots = M_0$)，采用简单随机抽样方式抽取群单元的单级整群抽样($m_i = M_i$，$y_i = Y_i$ 和 $\bar{y}_i = \bar{Y}_i$)，总体均值的估计

总体均值的估计量

$$\hat{\bar{\bar{Y}}} = \frac{1}{nM_0}\sum_{i=1}^{n}\sum_{j=1}^{M_i} y_{ij}$$

总体均值估计量的方差

$$V(\hat{\bar{\bar{Y}}}) = \frac{(1-f)S_b^2}{nM_0}$$

$$V(\hat{\bar{\bar{Y}}}) = \frac{S^2}{nM_0}\left(1-\frac{n}{N}\right)\frac{M-1}{M_0(N-1)}[1+(M_0-1)\rho]$$

$$V(\hat{\bar{\bar{Y}}}) \approx \frac{S^2}{nM_0}\left(1-\frac{n}{N}\right)[1+(M_0-1)\rho]$$

总体均值估计量的方差估计

$$v(\hat{\bar{\bar{Y}}}) = \frac{(1-f)s_b^2}{nM_0}$$

$$v(\hat{\bar{\bar{Y}}}) = \frac{s^2}{nM_0}\left(1-\frac{n}{N}\right)\frac{nM_0-1}{M_0(n-1)}[1+(M_0-1)\hat{\rho}]$$

总体均值的置信区间

$$\left(\hat{\bar{\bar{Y}}} - Z_{\alpha/2}\sqrt{v(\hat{\bar{\bar{Y}}})}\ ,\ \hat{\bar{\bar{Y}}} + Z_{\alpha/2}\sqrt{v(\hat{\bar{\bar{Y}}})}\right)$$

其中，$s_b^2 = \frac{1}{M_0(n-1)}\sum_{i=1}^{n}(y_i - \bar{y})^2$。

总体均值估计量 $\hat{\bar{\bar{Y}}}$ 及其方差估计 $v(\hat{\bar{\bar{Y}}})$ 都是无偏估计量。

2. 群规模相等($M_1 = M_2 = \cdots = M_0$)，采用简单随机抽样方式抽取群单元的单级整群抽样($m_i = M_i$，$y_i = Y_i$ 和 $\bar{y}_i = \bar{Y}_i$)，总体总值的估计

总体总值的估计量

$$\hat{Y} = \frac{N}{n}\sum_{i=1}^{n}\sum_{j=1}^{M_i} y_{ij}$$

总体总值估计量的方差

$$V(\hat{Y}) = \frac{N^2M_0(1-f)S_b^2}{n}$$

$$V(\hat{Y})=\frac{N^2S^2}{n}\left(1-\frac{n}{N}\right)\frac{M-1}{(N-1)}[1+(M_0-1)\rho]$$

$$V(\hat{Y})\approx\frac{N^2M_0S^2}{n}\left(1-\frac{n}{N}\right)[1+(M_0-1)\rho]$$

总体总值估计量的方差估计

$$v(\hat{Y})=\frac{N^2M_0s_b^2(1-f)}{n}$$

$$v(\hat{Y})=\frac{N^2s^2}{n}\left(1-\frac{n}{N}\right)\frac{nM_0-1}{(n-1)}[1+(M_0-1)\hat{\rho}]$$

总体总值的置信区间

$$\left(\hat{Y}-Z_{\alpha/2}\sqrt{v(\hat{Y})}\ ,\ \hat{Y}+Z_{\alpha/2}\sqrt{v(\hat{Y})}\right)$$

总体总值估计量 $\hat{Y}$ 及其方差估计 $v(\hat{Y})$ 都是无偏估计量。

3. 群规模相等($M_1=M_2=\cdots=M_0$),采用简单随机抽样方式抽取群单元的单级整群抽样($m_i=M_i$, $y_i=Y_i$ 和 $\bar{y}_i=\bar{Y}_i$),总体比例的估计

总体比例的估计量

$$\hat{P}=\frac{1}{nM_0}\sum_{i=1}^{n}a_i$$

总体比例估计量的方差

$$V(\hat{P})=\frac{1-f}{n(N-1)}\sum_{i=1}^{N}(P_i-P)^2$$

总体比例估计量的方差估计

$$v(\hat{P})=\frac{1-f}{n(n-1)}\sum_{i=1}^{n}(p_i-p)^2$$

总体比例的置信区间

$$\left(\hat{P}-\left[Z_{\alpha/2}\sqrt{v(\hat{P})}+\frac{1}{2nM_0}\right]\ ,\ \hat{P}+\left[Z_{\alpha/2}\sqrt{v(\hat{P})}+\frac{1}{2nM_0}\right]\right)$$

总体比例的估计量 $\hat{P}$ 及其方差估计 $v(\hat{P})$ 都是无偏估计量。

4. 群规模相等($M_1=M_2=\cdots=M_0$),采用简单随机抽样方式抽取群单元的单级整群抽样($m_i=M_i$, $y_i=Y_i$ 和 $\bar{y}_i=\bar{Y}_i$),C 类单元总数的估计

C 类单元总数的估计量

$$\hat{A}=M\hat{P}=\frac{N}{n}\sum_{i=1}^{n}a_i$$

C 类单元总数估计量的方差

$$V(\hat{A})=\frac{M^2(1-f)}{n(N-1)}\sum_{i=1}^{N}(P_i-P)^2$$

C 类单元总数估计量的方差估计

$$v(\hat{A})=\frac{N^2M_0^2(1-f)}{n(n-1)}\sum_{i=1}^{n}(p_i-p)^2$$

C 类单元总数的置信区间

$$\left(\hat{A}-\left[Z_{\alpha/2}\sqrt{v(\hat{A})}+\frac{N}{2n}\right],\ \hat{A}+\left[Z_{\alpha/2}\sqrt{v(\hat{A})}+\frac{N}{2n}\right]\right)$$

C 类单元总数的估计量 $\hat{A}$ 及其方差估计 $v(\hat{A})$ 都是无偏估计量。

5. 群规模不等，采用简单随机抽样方式抽取群单元的单级整群抽样（$m_i=M_i$，$y_i=Y_i$ 和 $\bar{y}_i=\bar{Y}_i$），总体均值的估计

总体均值的估计量

$$\hat{\bar{\bar{Y}}}=\frac{N\sum_{i=1}^{n}y_i}{n\sum_{i=1}^{N}M_i}$$

总体均值估计量的方差

$$V(\hat{\bar{\bar{Y}}})=\frac{N^2(1-f)}{M^2n}\left[\frac{1}{N-1}\sum_{i=1}^{N}(Y_i-\bar{Y})^2\right]$$

总体均值估计量的方差估计

$$v(\hat{\bar{\bar{Y}}})=\frac{N^2(1-f)}{M^2n}\left[\frac{1}{n-1}\sum_{i=1}^{n}(y_i-\bar{y})^2\right]$$

总体均值的估计量 $\hat{\bar{\bar{Y}}}$ 及其方差估计 $v(\hat{\bar{\bar{Y}}})$ 都是无偏估计量。

6. 群规模不等，采用简单随机抽样方式抽取群单元的单级整群抽样（$m_i=M_i$，$y_i=Y_i$ 和 $\bar{y}_i=\bar{Y}_i$），总体总值的估计

总体总值的估计量

$$\hat{Y}=\frac{N}{n}\sum_{i=1}^{n}y_i$$

总体总值估计量的方差

$$V(\hat{Y})=\frac{N^2(1-f)}{n}\left[\frac{1}{N-1}\sum_{i=1}^{N}(Y_i-\bar{Y})^2\right]$$

总体总值估计量的方差估计

$$v(\hat{Y})=\frac{N^2(1-f)}{n}\left[\frac{1}{n-1}\sum_{i=1}^{n}(y_i-\bar{y})^2\right]$$

总体总值的估计量 $\hat{Y}$ 及其方差估计 $v(\hat{Y})$ 都是无偏估计量。

7. 群规模不等,采用简单随机抽样方式抽取群单元的单级整群抽样($m_i = M_i, y_i = Y_i$ 和 $\bar{y}_i = \bar{Y}_i$),总体比例的估计

总体比例的估计量

$$\hat{P} = \frac{N\sum_{i=1}^{n} a_i}{n\sum_{i=1}^{n} M_i} = \frac{Na}{Mn}$$

总体比例估计量的方差

$$V(\hat{P}) = \frac{N^2(1-f)}{M^2 n}\left[\frac{\sum_{i=1}^{N}(A_i - \bar{A})^2}{N-1}\right]$$

总体比例估计量的方差估计

$$v(\hat{P}) = \frac{N^2(1-f)}{M^2 n}\left[\frac{\sum_{i=1}^{n}(a_i - \bar{a})^2}{n-1}\right]$$

总体比例的估计量 $\hat{P}$ 及其方差估计 $v(\hat{P})$ 都是无偏估计量。

8. 群规模不等,采用简单随机抽样方式抽取群单元的单级整群抽样($m_i = M_i, y_i = Y_i$ 和 $\bar{y}_i = \bar{Y}_i$),C 类单元总数的估计

C 类单元总数的估计量

$$\hat{A} = \frac{N}{n}\sum_{i=1}^{n} a_i$$

C 类单元总数估计量的方差

$$V(\hat{A}) = \frac{N^2(1-f)}{n}\left[\frac{\sum_{i=1}^{N}(A_i - \bar{A})^2}{N-1}\right]$$

C 类单元总数估计量的方差估计

$$v(\hat{A}) = \frac{N^2(1-f)}{n}\left[\frac{\sum_{i=1}^{n}(a_i - \bar{a})^2}{n-1}\right]$$

C 类单元总数的估计量 $\hat{A}$ 及其方差估计 $v(\hat{A})$ 都是无偏估计量。

9. 群规模不等,采用简单随机抽样方式抽取群单元的单级整群抽样($m_i = M_i, y_i = Y_i$ 和 $\bar{y}_i = \bar{Y}_i$),群规模 M_i 作为辅助变量,总体比例的比率估计

总体比例的比率估计量

$$\hat{\bar{\bar{Y}}}_R=\frac{\sum_{i=1}^{n}y_i}{\sum_{i=1}^{n}M_i}=\hat{R}=\bar{\bar{y}}$$

总体均值比率估计量的方差

$$V(\hat{\bar{\bar{Y}}}_R)=\frac{N^2}{M^2n}\left(1-\frac{n}{N}\right)\left[\frac{1}{N-1}\sum_{i=1}^{N}(y_i-M_i\bar{\bar{Y}})^2\right]$$

总体均值比率估计量的方差估计

$$v(\hat{\bar{\bar{Y}}}_R)=\frac{N^2}{M^2n}\left(1-\frac{n}{N}\right)\left[\frac{1}{n-1}\sum_{i=1}^{n}(y_i-M_i\bar{\bar{y}})^2\right]$$

总体均值的置信区间

$$\left(\bar{\bar{y}}-Z_{\alpha/2}\sqrt{v(\hat{\bar{\bar{Y}}}_R)},\bar{\bar{y}}+Z_{\alpha/2}\sqrt{v(\hat{\bar{\bar{Y}}}_R)}\right)$$

若群单元数 n 足够大，在近似意义上，总体均值的比率估计量 $\hat{\bar{\bar{Y}}}_R$ 及其方差估计 $v(\hat{\bar{\bar{Y}}}_R)$ 都是无偏估计量。

10. 群规模不等，采用简单随机抽样方式抽取群单元的单级整群抽样($m_i=M_i$，$y_i=Y_i$ 和 $\bar{y}_i=\bar{Y}_i$)，群规模 M_i 作为辅助变量，总体总值的比率估计

总体总值的比率估计量

$$\hat{Y}_R=\frac{M\sum_{i=1}^{n}y_i}{\sum_{i=1}^{n}M_i}$$

总体总值比率估计量的方差

$$V(\hat{Y}_R)=\frac{N^2(1-f)}{n}\left[\frac{1}{N-1}\sum_{i=1}^{N}(Y_i-M_i\bar{\bar{Y}})^2\right]$$

总体总值比率估计量的方差估计

$$v(\hat{Y}_R)=\frac{N^2(1-f)}{n}\left[\frac{1}{n-1}\sum_{i=1}^{n}(y_i-M_i\bar{\bar{y}})^2\right]$$

总体总值的置信区间

$$\left(M\bar{\bar{y}}-Z_{\alpha/2}\sqrt{v(\hat{Y}_R)},M\bar{\bar{y}}+Z_{\alpha/2}\sqrt{v(\hat{Y}_R)}\right)$$

若群单元数 n 足够大，在近似意义上，总体总值的比率估计量 $\hat{Y}_R$ 及其方差估计 $v(\hat{Y}_R)$ 都是无偏估计量。

11. 群规模不等，采用简单随机抽样方式抽取群单元的单级整群抽样($m_i=M_i$，$y_i=Y_i$ 和 $\bar{y}_i=\bar{Y}_i$)，群规模 M_i 作为辅助变量，总体比例的比率估计

总体比例的比率估计量

$$\hat{P}_R=\frac{\sum_{i=1}^{n}a_i}{\sum_{i=1}^{n}M_i}$$

总体比例比率估计量的方差

$$V(\hat{P}_R)=\frac{N^2(1-f)}{M^2n}\left[\frac{1}{N-1}\sum_{i=1}^{N}M_i^2\ (P_i-P)^2\right]$$

总体比例比率估计量的方差估计

$$v(\hat{P}_R)=\frac{N^2(1-f)}{M^2n}\left[\frac{1}{n-1}\sum_{i=1}^{n}M_i^2\ (p_i-p)^2\right]$$

当样本中的群单元数 n 足够大,在近似意义上,总体比例的比率估计量 $\hat{P}_R$ 及其方差估计 $v(\hat{P}_R)$ 是无偏估计量。

12. 群规模不等,采用简单随机抽样方式抽取群单元的单级整群抽样($m_i=M_i,y_i=Y_i$ 和 $\bar{y}_i=\bar{Y}_i$),群规模 M_i 作为辅助变量,C 类单元总数的比率估计

C 类单元总数的比率估计量

$$\hat{A}_R=\frac{M\sum_{i=1}^{n}a_i}{\sum_{i=1}^{n}M_i}$$

C 类单元总数比率估计量的方差

$$V(\hat{A}_R)=\frac{N^2(1-f)}{n}\left[\frac{1}{N-1}\sum_{i=1}^{N}M_i^2\ (P_i-P)^2\right]$$

C 类单元总数比率估计量的方差估计

$$v(\hat{A}_R)=\frac{N^2(1-f)}{n}\left[\frac{1}{n-1}\sum_{i=1}^{n}M_i^2\ (p_i-p)^2\right]$$

当样本中的群单元数 n 足够大,在近似意义上,C 类单元总数的比率估计量 $\hat{A}_R$ 及其方差估计 $v(\hat{A}_R)$ 都是无偏估计量。

13. 群规模不等,采用有放回不等概率抽样方式抽取群单元的单级整群抽样($m_i=M_i,y_i=Y_i$ 和 $\bar{y}_i=\bar{Y}_i$),群被抽取的概率与其规模 M_i 成比例,总体总值的估计

总体总值的估计量

$$\hat{Y}_{PPS}=\frac{M}{n}\sum_{i=1}^{n}\frac{y_i}{M_i}$$

总体总值估计量的方差

$$V(\hat{Y}_{PPS})=\frac{M}{n}\sum_{i=1}^{N}M_i\ (\bar{Y}_i-\bar{\bar{Y}})^2$$

总体总值估计量的方差估计

$$v(\hat{Y}_{PPS})=\frac{M^2}{n(n-1)}\sum_{i=1}^{n}\left(\frac{y_i}{M_i}-\frac{\hat{Y}_{PPS}}{M}\right)^2$$

总体总值估计量 $\hat{Y}_{PPS}$ 及其方差估计 $v(\hat{Y}_{PPS})$ 都是无偏估计量。

14. 群规模不等,采用有放回不等概率抽样方式抽取群单元的单级整群抽样($m_i=M_i$,$y_i=Y_i$ 和 $\bar{y}_i=\bar{Y}_i$),群被抽取的概率与其规模 M_i 成比例,总体均值的估计

总体均值的估计量

$$\hat{\bar{Y}}_{PPS}=\frac{1}{n}\sum_{i=1}^{n}\frac{y_i}{M_i}$$

总体均值估计量的方差

$$V(\hat{\bar{Y}}_{PPS})=\frac{1}{n}\sum_{i=1}^{N}\frac{M_i}{M}(\bar{Y}_i-\bar{\bar{Y}})^2$$

总体均值估计量的方差估计

$$v(\hat{\bar{Y}}_{PPS})=\frac{1}{n(n-1)}\sum_{i=1}^{n}\left(\frac{y_i}{M_i}-\frac{\hat{Y}_{PPS}}{M}\right)^2$$

总体均值估计量 $\hat{\bar{Y}}_{PPS}$ 及其方差估计 $v(\hat{\bar{Y}}_{PPS})$ 都是无偏估计量。

15. 群规模不等,采用有放回不等概率抽样方式抽取群单元的单级整群抽样($m_i=M_i$,$y_i=Y_i$ 和 $\bar{y}_i=\bar{Y}_i$),群被抽取的概率与其规模 M_i 成比例,C 类单元总数的估计

C 类单元总数的估计量

$$\hat{A}_{PPS}=\frac{M}{n}\sum_{i=1}^{n}\frac{a_i}{M_i}$$

C 类单元总数估计量的方差

$$V(\hat{A}_{PPS})=\frac{M}{n}\sum_{i=1}^{N}M_i(P_i-P)^2$$

C 类单元总数估计量的方差估计

$$v(\hat{A}_{PPS})=\frac{M^2}{n(n-1)}\sum_{i=1}^{n}\left(\frac{a_i}{M_i}-\frac{\hat{A}_{PPS}}{M}\right)^2$$

C 类单元总数估计量 $\hat{A}_{PPS}$ 及其方差估计 $v(\hat{A}_{PPS})$ 都是无偏估计量。

16. 群规模不等,采用有放回不等概率抽样方式抽取群单元的单级整群抽样($m_i=M_i$,$y_i=Y_i$ 和 $\bar{y}_i=\bar{Y}_i$),群被抽取的概率与其规模 M_i 成比例,总体比例的

估计

总体比例的估计量

$$\hat{P}_{PPS}=\frac{1}{n}\sum_{i=1}^{n}\frac{a_i}{M_i}$$

总体比例估计量的方差

$$V(\hat{P}_{PPS})=\frac{1}{nM}\sum_{i=1}^{N}M_i(P_i-P)^2$$

总体比例估计量的方差估计

$$v(\hat{P}_{PPS})=\frac{1}{n(n-1)}\sum_{i=1}^{n}\left(\frac{a_i}{M_i}-\frac{\hat{A}_{PPS}}{M}\right)^2$$

总体比例的估计量 $\hat{P}_{PPS}$ 及其方差估计 $v(\hat{P}_{PPS})$ 都是无偏估计量。

6.3 单级整群抽样的样本量确定

记复杂抽样方案 A 的设计效应为 $Deff(\hat{\bar{Y}}_A)$。

1. 复杂抽样方案的样本量确定

给定估计量的方差限度记为 $V_{\hat{\bar{Y}}_A}$，依据设计效应确定单级整群抽样的样本量。利用简单随机抽样的样本量确定方法,得到满足估计量方差限度为 $V_{\hat{\bar{Y}}_A}$ 的简单随机抽样的样本量,记为 n^*，则

$$n_A=\lceil Deff(\hat{\bar{Y}}_A)n^*\rceil$$

为满足估计量方差限度为 $V_{\hat{\bar{Y}}_A}$ 的复杂抽样方案 A 的单元数量。

2. 单级整群抽样的样本量确定

给定估计量的方差限度为 $V_{\hat{\bar{Y}}}$，依据设计效应确定单级整群抽样的样本量。利用简单随机抽样的样本量确定方法,得到满足估计量方差限度为 $V_{\hat{\bar{Y}}}$ 的简单随机抽样的样本量,记为 n^*，则满足估计量方差限度 $V_{\hat{\bar{Y}}}$ 的单级整群抽样需要抽取的基本单元数量为

$$n_0=\lceil Deff(\hat{\bar{\bar{Y}}})n^*\rceil$$

满足估计量方差限度 $V_{\hat{\bar{Y}}}$ 的单级整群抽样需要抽取的群单元数量为

$$n'=\left\lceil\frac{n_0}{\bar{M}}\right\rceil$$

其中，$\bar{M}=\sum_{i=1}^{N}M_i/N$。

6.4　习题解答

1. 什么是单级整群抽样，整群抽样的主要步骤？单级整群抽样和简单随机抽样、分层抽样的区别？单级整群抽样估计量的精度通常不如简单随机个体抽样，为什么有时还要采用单级整群抽样方案？

答：什么是单级整群抽样：抽样单元是群单元，并对所抽中的群单元中的全部总体单元都进行调查，这样的抽样过程称为单级整群抽样。

整群抽样的主要步骤：单级整群抽样的主要步骤有

第一步，建立总体的群单元抽样框，采用概率抽样方式从抽样框中抽选事先确定数量的群单元。可以选择无放回等概率抽样或者有放回不等概率抽样，抽样方法选择依据实际问题。

第二步，调查被抽取的群单元中的全部基本单元，并将所有的基本单元合到一起，作为单级整群抽样的样本，简称为单级整群样本。

单级整群抽样和简单随机抽样、分层抽样的区别：

对给定的总体，单级整群抽样的抽样单元是群单元，而简单随机抽样的抽样单元往往是基本单元。单级整群抽样和分层抽样都是把总体划分为若干基本单元的集合，单级整群抽样把每个集合称为群，只是随机抽取若干个群进行调查，分层抽样把每个集合称为层，随机抽取每个集合的若干基本单元进行调查。在实际应用，单级整群抽样和分层抽样对总体划分为若干集合所选择的变量并不总是相同。

单级整群抽样估计量的精度通常不如简单随机个体抽样，为什么有时还要采用单级整群抽样方案？

(1)群单元的抽样框编制比基本单元的抽样框编制容易。对于大型抽样调查，基本单元的抽样框编制需要支付大量的人力和费用，在抽样框编制过程也往往会出现非常大的困难，甚至在当时的条件下，抽样框的编制可能无法完成。采用单级整群抽样，编制群单元的抽样框会避免基本单元抽样框的编制困难。(2)对于相同数量的基本单元，单级整群抽样的调查费用往往低于个体抽样的调查费用。在同群内的基本单元的地理位置接近，或者基本单元属于同一组织、机构等，单级整群样本的基本单元往往相对集中，在基本单元之间的路程往往缩短，会节省调查时间和降低调查费用。

2. 试对简单随机单级整群抽样与简单随机个体抽样的设计效果进行比较，然后回答，当接到一项调查任务时，你首先会考虑采取个体抽样还是采用整群抽样？

在什么情况下你会考虑采用整群抽样?

答:为了估计总体均值 $\bar{Y}$,采用简单随机抽样,抽选基本单元数量为 n 的简单随机样本,总体均值简单估计量 $\hat{\bar{Y}}$ 的方差记为 $V(\hat{\bar{Y}})$。采用单级整群抽样方案 A,抽选基本单元数量为 n 的样本,总体均值估计量 $\hat{\bar{Y}}_A$ 的方差记为 $V(\hat{\bar{Y}}_A)$,则单级整群抽样方案 A 的设计效应为

$$Deff(\hat{\bar{Y}}_A)=\frac{V(\hat{\bar{Y}}_A)}{V(\hat{\bar{Y}})}$$

当样本中的基本单元数相同,单级整群抽样方案 A 的估计量 $\hat{\bar{Y}}_A$ 的方差 $V(\hat{\bar{Y}}_A)$ 小于简单估计量 $\hat{\bar{Y}}$ 的方差 $V(\hat{\bar{Y}})$,则设计效应 $Deff(\hat{\bar{Y}}_A)$ 小于 1,说明单级整群抽样方案 A 的估计量 $\hat{\bar{Y}}$ 的精度高于简单估计量 $\hat{\bar{Y}}$ 的精度。若单级整群抽样方案 A 的估计量 $\hat{\bar{Y}}_A$ 的方差 $V(\hat{\bar{Y}}_A)$ 大于简单估计量 $\hat{\bar{Y}}$ 的方差 $V(\hat{\bar{Y}})$,则设计效应 $Deff(\hat{\bar{Y}}_A)$ 大于 1,说明单级整群抽样方案 A 的估计量 $\hat{\bar{Y}}$ 的精度低于简单估计量 $\hat{\bar{Y}}$ 的精度。采用设计效应评估复杂抽样方案的效率,倾向于选择设计效应小的复杂抽样方案。当整群抽样的设计效应小于 1 时,考虑采用整群抽样。

当接到一项调查任务时,你首先会考虑采取个体抽样还是采用整群抽样?

个体抽样和整群抽样方法的选择需要考虑调查结果的精度和调查费用,也要兼顾调查的人力和时间等因素。相比较而言,当样本的基本单元总数给定时,群规模小的单级整群抽样的估计量精度通常较高,并且支付的调查费用也会较大。群规模较大的单级整群抽样的估计量精度往往较低,并且支付的调查费用也往往较小。在实际调查中,规模不同的群单元之间的选择原则是,在给定的调查费用的条件下,选择估计量精度最高的群单元;或者在给定的估计量精度条件下,选择调查费用小的群单元。依据这个原则,单级整群抽样有时是比个体抽样更好的选择。

在什么情况下你会考虑采用整群抽样?

(1)基本单元的抽样框编制需要支付大量的人力和费用,在抽样框编制过程也出现非常大的困难,甚至在当时的条件下抽样框的编制可能无法完成。此时,采用单级整群抽样,编制群单元的抽样框会避免基本单元抽样框的编制困难。

(2)对于相同数量的基本单元,单级整群抽样的调查费用往往低于个体抽样的调查费用。在同群内的基本单元的地理位置接近,或者基本单元属于同一组织、机构等,单级整群样本的基本单元往往相对集中,在基本单元之间的路程往往缩短,

节省调查时间和降低调查费用。

3. 学生宿舍每室 8 人，现从全校共 100 个男生宿舍中用简单随机抽样方法抽取出 5 个宿舍，调查每个宿舍每个人的生活费月支出额，数据见表 6.1。试根据这个样本估计全校男生平均每人生活费月支出额。

表 6.1 五个宿舍生活费月支出额的数据 单位：元

宿舍号	每人的生活费月支出额							
1	80	100	92	63	75	72	61	82
2	70	68	94	110	58	68	74	88
3	60	60	71	89	91	90	58	74
4	86	83	84	98	76	66	59	64
5	69	78	87	96	58	85	91	87

解：由题意可知，总体的群单元总数 $N=100$，样本的群单元数 $n=5$，群内基本单元数量 $M_1=\cdots=M_5=M_0=8$。利用调查数据可以得到，每个群的样本总值

$$y_1=\sum_{j=1}^{M_1} y_{1j}=625$$

$$y_2=\sum_{j=1}^{M_2} y_{2j}=630$$

$$y_3=\sum_{j=1}^{M_3} y_{3j}=593$$

$$y_4=\sum_{j=1}^{M_4} y_{4j}=616$$

$$y_5=\sum_{j=1}^{M_5} y_{5j}=651$$

样本总值

$$y=\sum_{i=1}^{n} y_i=3115$$

样本的群均值

$$\bar{y}=\frac{1}{n}\sum_{i=1}^{n} y_i=623$$

样本群间方差为

$$s_b^2=\frac{1}{M_0(n-1)}\sum_{i=1}^{n}(y_i-\bar{y})^2=55.8125$$

该校男生平均每人生活费月支出额的估计为

$$\hat{\bar{\bar{Y}}}=\frac{y}{nM_0}$$

$$=\frac{3115}{5\times 8}=77.88$$

男生平均每人生活费月支出额估计量的方差估计为

$$v(\hat{\bar{\bar{Y}}})=\frac{(1-f)s_b^2}{nM_0}$$

$$=\frac{(1-5/100)\times 55.8125}{5\times 8}=1.3255$$

男生平均每人生活费月支出额估计量的标准差估计为

$$\sqrt{v(\hat{\bar{\bar{Y}}})}=1.15$$

从而,全校男生平均每人生活费月支出额的估计值为 77.88 元,其方差估计为 1.3255,标准差估计为 1.15 元。

R 语言代码:

```
#总体的群单元数
N=100;
#每个群内的基本单元数
M=8;
#样本量
n=5;
# 5 个群样本的观察值
cluster1=c(80,100,92,63,75,72,61,82);
cluster2=c(70,68,94,110,58,68,74,88);
cluster3=c(60,60,71,89,91,90,58,74);
cluster4=c(86,83,84,98,76,66,59,64);
cluster5=c(69,78,87,96,58,85,91,87);
#每个群的样本总值
yi=c(sum(cluster1),sum(cluster2),sum(cluster3),sum(cluster4),sum
(cluster5));
#样本总值
y=sum(yi);
```

```
#样本的群均值
ybar=mean(yi);
sb2=sum((yi-ybar)^2)/(n-1)/M;
#该校男生平均每人生活费月支出额的估计
Yhat=round(y/(n*M),2);
#该校男生平均每人生活费月支出额估计量的方差估计
vY=round((1-n/N)*sb2/(n*M),4);
#该校男生平均每人生活费月支出额估计量的标准差估计
sdvY=round(sqrt(vY),2);
```

4. 从某地区 1000 个居委会共计 50 万户居民中，采用简单随机抽样，抽取 30 个居民委员会。对所抽中的居委员会的全体居民进行调查，调查每户一个月消费牛奶的数量。各居委员会全体居民一个月消费牛奶总数量和居委员会的居民户数见表 6.2。分别用简单估计量和比率估计量(以居委员会的居民户数为分母)估计该地区居民一个月消费牛奶的总量，并给出估计量的方差估计。

表 6.2 牛奶消费量和居民户数的调查数据

序号	牛奶消费量(公斤)	户数(户)	序号	牛奶消费量(公斤)	户数(户)
1	1010	100	10	1320	120
2	1785	180	11	5510	540
3	5896	600	12	1980	210
4	5020	500	13	3300	320
5	3800	400	14	6540	640
6	6800	720	15	1020	98
7	3870	380	16	9290	940
8	1190	110	17	8970	890
9	7890	800	18	4420	430
19	3520	360	25	8806	870
20	1895	190	26	9548	960
21	7940	780	27	7510	740
22	2380	890	28	2946	300
23	4894	490	29	2308	210
24	3848	390	30	1450	150

解:由题意可知,总体的群单元总数 $N=1000$,抽选的群单元数 $n=30$,总体的基本单元数 $M=500000$,每个群内基本单元数不等。利用调查数据,可以得到的样本总值

$$y=\sum_{i=1}^{n} y_i=136656$$

$$x=\sum_{i=1}^{n} x_i=14308$$

样本的群均值

$$\bar{y}=\frac{1}{n}\sum_{i=1}^{n} y_i=4555.20$$

样本的个体均值

$$\bar{\bar{y}}=\frac{\sum_{i=1}^{n} y_i}{\sum_{i=1}^{n} x_i}=9.55$$

该地区居民一个月消费牛奶总量的简单估计量为

$$\hat{Y}=\frac{Ny}{n}$$

$$=\frac{1000\times 136656}{30}=4555200$$

该地区居民一个月消费牛奶总量简单估计量的方差估计为

$$v(\hat{Y})=\frac{N^2(1-f)}{n}\frac{1}{(n-1)}\sum_{i=1}^{n}(y_i-\bar{y})^2=2.4829\times 10^{11}$$

该地区居民一个月消费牛奶总量简单估计量的标准差估计为

$$\sqrt{v(\hat{Y})}=498285.40$$

从而,该地区居民一个月消费牛奶总量的简单估计值为 4555200 公斤,其方差估计为 2.4829×10^{11},标准差估计为 498285.40 公斤。

该地区居民一个月消费牛奶总量的比率估计量为

$$\hat{Y}_R=\frac{M\sum_{i=1}^{n} y_i}{\sum_{i=1}^{n} M_i}=\frac{500000\times 136656}{14308}=4775000$$

该地区居民一个月消费牛奶总量比率估计量的方差估计为

$$v(\hat{Y}_R)=\frac{N^2(1-f)}{n}\left[\frac{1}{n-1}\sum_{i=1}^{n}(y_i-M_i\bar{\bar{y}})^2\right]=4.4056\times 10^{10}$$

该地区居民一个月消费牛奶总量比率估计量的标准差估计为

$$\sqrt{v(\hat{Y}_R)} = 209896.10$$

从而，该地区居民一个月消费牛奶总量的比率估计为 4775000 公斤，其方差估计为 4.4056×10^{10}，标准差估计为 209896.10 公斤。

R 语言代码：

```
#总体的群单元数
N=1000;
#样本量
n=30;
#总体的基本单元数
M=500000;
# 30 个群样本的观察值和户数
yi=c(1010,1785,5896,5020,3800,6800,3870,1190,7890,1320,5510,1980,
3300,6540,1020,9290,8970,4420,3520,1895,7940,2380,4894,3848,8806,9548,
7510,2946,2308,1450);
xi=c(100,180,600,500,400,720,380,110,800,120,540,210,320,640,98,
940,890,430,360,190,780,890,490,390,870,960,740,300,210,150);
#样本总值
y=sum(yi);
x=sum(xi);
#样本的群均值
ybar=mean(yi);
#样本的个体均值
ydbar=round(sum(yi)/sum(xi),2);
#该地区居民一个月消费牛奶总量的估计
Yhat=round(N*y/n,2);
#该地区居民一个月消费牛奶总量估计量的方差估计
vY=round(N^2*(1-n/N)/n*sum((yi-ybar)^2)/(n-1),4)
#该地区居民一个月消费牛奶总量估计量的标准差估计
sdvY=round(sqrt(vY),2);
#该地区居民一个月消费牛奶总量的比率估计
YRhat=M*ydbar;
```

```
#该地区居民一个月消费牛奶总量比率估计量的方差估计为
vYR=round(N^2*(1-n/N)/n*sum((yi-xi*ydbar)^2)/(n-1),4)
#该地区居民一个月消费牛奶总量比率估计量的标准差估计为
sdvYR=round(sqrt(vYR),2);
```

5. 某地有 200 个农贸市场,从业者共计 16000 户。现用简单随机抽样方法抽取 10 个农贸市场,调查每个农贸市场的从业者户数和四月份营业额,数据见表 6.3。(1)试分别用简单估计量和比率估计量估计该地区农贸市场四月份营业总额(样本不够大而产生的偏差可忽略不计),并给出估计量的方差估计。(2)如果表 6.3 的调查是采用有放回不等概率的单级整群抽样,重新估计该地区农贸市场四月份营业总额,并给出估计量的方差估计。

表 6.3 从业者户数和四月份营业额的调查数据

序号	从业者户数	营业额(万元)	序号	从业者户数	营业额(万元)
1	20	18	6	70	78
2	50	52	7	60	49
3	80	69	8	50	58
4	100	110	9	120	130
5	40	42	10	200	250

解: 由题可知,总体的群单元总数 $N=200$,基本单元总数 $M=16000$,抽选的群单元数 $n=10$,每个群内基本单元数不等。利用调查数据,可以得到的样本总值

$$y=\sum_{i=1}^{n} y_i =856$$

$$x=\sum_{i=1}^{n} x_i =790$$

样本的群均值

$$\bar{y}=\frac{1}{n}\sum_{i=1}^{n} y_i = 85.6$$

样本的个体均值

$$\bar{\bar{y}}=\frac{\sum_{i=1}^{n} y_i}{\sum_{i=1}^{n} x_i}= 1.08$$

该地区农贸市场四月份营业总额的简单估计量为

$$\hat{Y}=\frac{Ny}{n}$$

$$=\frac{200\times 856}{10}=17120$$

该地区农贸市场四月份营业总额简单估计量的方差估计为：

$$v(\hat{Y})=\frac{N^2(1-f)}{n}\frac{1}{(n-1)}\sum_{i=1}^{n}(y_i-\bar{y})^2=16731991$$

该地区农贸市场四月份营业总额简单估计量的标准差估计为

$$\sqrt{v(\hat{Y})}=4090.48$$

从而，该地区农贸市场四月份营业总额的简单估计为 17120 万元，其方差估计为 16731991，标准差估计为 4090.48 万元。

该地区农贸市场四月份营业总额的比率估计量为

$$\hat{Y}_R=\frac{M\sum_{i=1}^{n}y_i}{\sum_{i=1}^{n}M_i}$$

$$=\frac{16000\times 856}{790}=17280$$

该地区农贸市场四月份营业总额比率估计量的方差估计为

$$v(\hat{Y}_R)=\frac{N^2(1-f)}{n}\left[\frac{1}{n-1}\sum_{i=1}^{n}(y_i-M_i\bar{\bar{y}})^2\right]=740037.30$$

该地区农贸市场四月份营业总额比率估计量的标准差估计为

$$\sqrt{v(\hat{Y}_R)}=860.25$$

从而，该地区农贸市场四月份营业总额的比率估计量为 17280 万元，其方差估计为 740037.30，标准差估计为 860.25 万元。

调查数据是采用了有放回不等概率的单级整群抽样，每个市场被抽中的概率与其从业者人数成比例。此时，该地区农贸市场四月份营业总额的无偏估计为

$$\hat{Y}_{PPS}=\frac{M}{n}\sum_{i=1}^{n}\frac{y_i}{M_i}=16602.86$$

该地区农贸市场四月份营业总额无偏估计量的方差估计为

$$v(\hat{Y}_{PPS})=\frac{M^2}{n(n-1)}\sum_{i=1}^{n}\left(\frac{y_i}{M_i}-\frac{\hat{Y}_{PPS}}{M}\right)^2=485052.50$$

该地区农贸市场四月份营业总额无偏估计量的标准差估计为

$$\sqrt{v(\hat{Y}_{PPS})} = 696.46$$

从而,该地区农贸市场四月份营业总额的无偏估计为 16602.86 万元,其方差估计为 485052.50,标准差估计为 696.46 万元。

R 语言代码:

```
#总体的群单元数
N=200;
#样本量
n=10;
#总体的基本单元数
M=16000;
# 10 个群样本的观察值和户数
yi=c(18,52,69,110,42,78,49,58,130,250);
xi=c(20,50,80,100,40,70,60,50,120,200);
#样本总值
y=sum(yi);
x=sum(xi);
#样本的群均值
ybar=mean(yi);
#样本的个体均值
ydbar=round(sum(yi)/sum(xi),2);
#该地区农贸市场四月份营业总额的估计
Yhat=round(N*y/n,2);
#该地区农贸市场四月份营业总额估计量的方差估计
vY=round(N^2*(1-n/N)/n*sum((yi-ybar)^2)/(n-1),4);
#该地区农贸市场四月份营业总额估计量的标准差估计
sdvY=round(sqrt(vY),2);
#该地区农贸市场四月份营业总额的比率估计
YRhat=M*ydbar;
#该地区农贸市场四月份营业总额比率估计量的方差估计为
vYR=round(N^2*(1-n/N)/n*sum((yi- xi*ydbar)^2)/(n-1),4);
```

```
#该地区农贸市场四月份营业总额比率估计量的标准差估计为
sdvYR=round(sqrt(vYR),2);
#采用不等概率抽样,该地区农贸市场四月份营业总额的无偏估计
YPPS=M*sum(yi/xi)/n;
# 该地区农贸市场四月份营业总额无偏估计量的方差估计为:
vYPPS=sum((M*yi/xi-YPPS)^2)/n/(n-1);
# 该地区农贸市场四月份营业总额无偏估计量的标准差估计为:
sdvYPPS=round(sqrt(vYPPS),2);
```

6. 某公司有员工 5000 人,有员工宿舍 260 个。用简单随机抽样方法抽出 5 个宿舍,调查每人的每月伙食费支出,数据见表 6.4。根据调查数据已经得到全公司所有员工中每月伙食费支出为 1000 元及以上人数所占比例的点估计为 12/33=36.36%,试计算与这个估计量相应的标准误。

表 6.4　公司员工每月伙食费支出数据

序号	全室员工数(人)	月支出 1000 元及以上人数
1	7	3
2	6	2
3	7	3
4	5	1
5	8	3
合计	33	12

解:根据调查数据可知,员工总数 $M=5000$,宿舍总数 $N=260$。将每个宿舍作为群,采用等概率不放回的单级整群抽样,每个群内基本单元数不等。样本中的宿舍数 $n=5$,员工总数

$$\sum_{i=1}^{n} M_i = 33$$

月伙食费支出为 1000 元及以上的员工数是

$$a = \sum_{i=1}^{n} a_i = 12$$

每月伙食费支出为 1000 元及以上员工比例的比率估计量为

$$\hat{P}_R = \frac{a}{\sum_{i=1}^{n} M_i}$$

$$=\frac{12}{33}=36.36\%$$

每月伙食费支出为1000元及以上员工比例比率估计量的方差估计为

$$v(\hat{P}_R)=\frac{N^2}{M^2 n}\left(1-\frac{n}{N}\right)\left[\frac{1}{n-1}\sum_{i=1}^{n}M_i^2\ (p_i-p)^2\right]=0.00014906$$

每月伙食费支出为1000元及以上员工比例比率估计量的标准差估计为

$$\sqrt{v(\hat{P}_R)}=1.22\%$$

从而,全公司所有员工中每月伙食费支出为1000元及以上的员工所占比例的比率估计为36.36%,该比率估计量的方差估计为0.00014906,该比率估计量的标准差估计为1.22%。

R语言代码:

```
#总体的群单元数
N=260;
#样本量
n=5;
#总体的基本单元数
M=5000;
# 10个群样本的观察值和户数
yi=c(3,2,3,1,3);
xi=c(7,6,7,5,8);
#样本总值
y=sum(yi);
x=sum(xi);
#样本的群均值
ybar=mean(yi);
#样本的个体均值
ydbar=round(sum(yi)/sum(xi),4);
#每月伙食费支出为1000元及以上员工比例的比率估计
YRhat=ydbar;
#每月伙食费支出为1000元及以上员工比例比率估计量的方差估计为
vYR=round(N^2*(1-n/N)/n*sum((yi-xi*ydbar)^2)/(n-1)/M^2,8)
#每月伙食费支出为1000元及以上员工比例比率估计量的标准差估计为
```

```
sdvYR=round(sqrt(vYR),4);
```

7. 某地有养鸡户 500 户，以简单随机抽样方式从中抽取 5 户，调查每个养鸡户的养鸡数和良种鸡数，数据见表 6.5。试估计全地区养鸡户的养鸡总数。如果知道全地区养鸡户养鸡总数为 250000 只，试用简单估计量和比率估计量估计该地饲养的良种鸡所占比例，并给出估计量的标准差估计。

表 6.5　养鸡户的养鸡数和良种鸡数　　单位：只

序号	养鸡数	良种鸡数
1	300	300
2	50	0
3	300	40
4	700	400
5	150	150

解：根据资料可知，养鸡总数 $M=250000$，养鸡户总数 $N=500$。将每个养鸡户作为群，样本是采用等概率不放回的单级整群抽样，群内单元数不相等，群单元数 $n=5$。利用调查数据可以得到，样本养鸡总数

$$x=\sum\nolimits_{i=1}^{n}x_i=1500$$

样本每户养鸡平均数

$$\bar{x}=\frac{\sum\nolimits_{i=1}^{n}x_i}{n}=300$$

样本良种鸡数

$$a=\sum\nolimits_{i=1}^{n}a_i=890$$

全地区养鸡户的养鸡总数的估计为

$$\hat{X}=\frac{N}{n}\sum_{i=1}^{n}x_i$$

$$=\frac{500}{5}\times1500=150000$$

全地区养鸡户的养鸡总数估计量的方差估计为

$$v(\hat{X})=\frac{N^2(1-f)}{n}\frac{1}{(n-1)}\sum_{i=1}^{n}(x_i-\bar{x})^2=3031875000$$

全地区养鸡户的养鸡总数估计量的标准差估计为

$$\sqrt{v(\hat{X})} = 55062$$

从而,全地区养鸡户的养鸡总数的估计为 150000 只,该估计量的方差估计为 3031875000,该估计量的标准差估计为 55062 只。

该地饲养的良种鸡所占比例的简单估计为

$$\hat{P} = \frac{Na}{Mn} = \frac{500 \times 890}{250000 \times 5} = 35.6\%$$

该地饲养的良种鸡所占比例简单估计量的方差估计为:

$$v(\hat{P}) = \frac{N^2(1-f)}{nM^2} \frac{1}{(n-1)} \sum_{i=1}^{n} (a_i - \bar{a})^2 = 0.0229$$

该地饲养的良种鸡所占比例简单估计量的标准差估计为

$$\sqrt{v(\hat{P})} = 15.13\%$$

从而,该地饲养的良种鸡所占比例的简单估计为 35.60%,该估计量的方差估计为 0.0229,该估计量的标准差估计为 15.13%。

该地饲养的良种鸡所占比例的比率估计为

$$\hat{P}_R = \frac{\sum_{i=1}^{n} a_i}{\sum_{i=1}^{n} M_i} = \frac{890}{1500} = 59.33\%$$

该地饲养的良种鸡所占比例比率估计量的方差估计为

$$v(\hat{P}_R) = \frac{N^2(1-f)}{nM^2} \frac{1}{(n-1)} \sum_{i=1}^{n} (a_i - M_i \hat{P}_R)^2 = 0.0077$$

该地饲养的良种鸡所占比例比率估计量的标准差估计为

$$\sqrt{v(\hat{P}_R)} = 8.77\%$$

从而,该地饲养的良种鸡所占比例的比率估计为 59.33%,其方差估计为 0.0077,标准差估计为 8.77%。

R 语言代码:

```
#总体的群单元数
N=500;
#样本量
```

```
n=5;
#总体的基本单元数
M=250000;
# 10 个群样本的观察值和户数
yi=c(300,0,40,400,150);
xi=c(300,50,300,700,150);
#样本总值
y=sum(yi);
x=sum(xi);
#样本的群均值
ybar=mean(yi);
xbar=mean(xi);
#全地区养鸡户养鸡总数的估计
Yhat=N*x/n;
#全地区养鸡户养鸡总数估计量的方差估计
vY=round(N^2*(1-n/N)/n*sum((xi-xbar)^2)/(n-1),4)
#全地区养鸡户养鸡总数估计量的标准差估计
sdvY=round(sqrt(vY));
#该地饲养的良种鸡所占比例的估计
Phat=round(N*y/n/M,4);
#该地饲养的良种鸡所占比例估计量的方差估计
vP=round(N^2*(1-n/N)/n*sum((yi-ybar)^2)/(n-1)/M^2,4)
#该地饲养的良种鸡所占比例估计量的标准差估计
sdvP=round(sqrt(vP),4);
#该地饲养的良种鸡所占比例的比率估计
PRhat=round(y/x,4);
#该地饲养的良种鸡所占比例比率估计量的方差估计为
vPR=round(N^2*(1-n/N)/n*sum((yi-xi*PRhat)^2)/(n-1)/M^2,4)
#该地饲养的良种鸡所占比例比率估计量的标准差估计为
sdvPR=round(sqrt(vPR),4);
```

8. 调查某居民小区居民的电话拥有情况。以每个楼层为群单元进行单级整群抽样，每个楼层都有 8 个住户。采用简单随机抽样，从全部 510 个楼层中抽取 12

个楼层,表 6.6 是 12 个楼层中装有电话的住户数 a_i 及占该楼层居民户比例 p_i 的数据。试估计该小区居民的电话拥有率,并给出估计量的标准差估计。

表 6.6 楼层装有电话的住户数

i	a_i (户)	p_i	i	a_i (户)	p_i
1	4	0.500	7	5	0.625
2	3	0.375	8	2	0.250
3	5	0.625	9	6	0.750
4	6	0.750	10	4	0.500
5	3	0.375	11	3	0.375
6	4	0.500	12	5	0.625

解:由题意可知,总体的群单元总数 $N=510$,基本单元数 $M=510\times8=4080$,每个群包含基本单元数 $M_1=\cdots=M_{510}=M_0=8$,抽选的群单元数 $n=12$。利用调查数据可得,样本的楼层装有电话住户总数

$$a=\sum_{i=1}^{n}a_i=50$$

该小区居民的电话拥有率的估计为

$$\hat{P}=\frac{a}{n\times M_0}=\frac{50}{12\times8}=52.08\%$$

该小区居民的电话拥有率估计量的方差估计为:

$$v(\hat{P})=\frac{N^2(1-f)}{nM^2}\frac{1}{(n-1)}\sum_{i=1}^{n}(a_i-\bar{a})^2=0.002042$$

该小区居民的电话拥有率估计量的标准差估计为

$$\sqrt{v(\hat{P})}=4.52\%$$

从而,该小区居民的电话拥有率的简单估计为 52.08%,该估计量的方差估计为 0.002042,该估计量的标准差估计为 4.52%。

R 语言代码:

```
#总体的群单元数
N=510;
#样本量
```

```
n=12;
#总体的基本单元数
M=510*8;
# 12个群样本的观察值和户数
yi=c(4,3,5,6,3,4,5,2,6,4,3,5);
xi=c(8,8,8,8,8,8,8,8,8,8,8,8);
#样本总值
y=sum(yi);
x=sum(xi);
#样本的群均值
ybar=mean(yi);
xbar=mean(xi);
#该小区居民的电话拥有率的估计
Phat=round(N*y/n/M,4);
#该小区居民的电话拥有率估计量的方差估计
vP=round(N^2*(1-n/N)/n*sum((yi-ybar)^2)/(n-1)/M^2,6)
#该小区居民的电话拥有率估计量的标准差估计
sdvP=round(sqrt(vP),4);
```

9. 某大学为了估计全校学生对本市 A、B 两个爱心儿童村的捐款总数，从全校 120 个班级中随机抽取 10 个班级进行调查，每个班级的人数都为 40 人。每个班级捐款数据见表 6.7。试估计该校学生平均捐款数和捐款总数，给出该校学生捐款总数估计值的抽样方差和在置信概率 95%下的置信区间。

表 6.7　班级捐款数据　　单位：元

班级	1	2	3	4	5	6	7	8	9	10
捐款数	221	192	198	260	230	201	257	193	205	243

解：由题可知，总体群单元总数 $N=120$，基本单元数 $M=40\times120=4800$，$M_1=\cdots=M_N=40$。样本的群单元数 $n=10$。利用调查数据，可得样本总值

$$y=\sum_{i=1}^{n}y_i=2200$$

样本的群均值

$$\bar{y}=\frac{1}{n}\sum_{i=1}^{n}y_i=220$$

该校学生平均捐款的估计为

$$\hat{\bar{\bar{Y}}}=\frac{y}{nM_0}=\frac{2200}{10\times 40}=5.50$$

该校学生平均捐款估计量的方差估计为

$$v(\hat{\bar{\bar{Y}}})=\frac{(1-f)}{nM_0^2}\frac{1}{(n-1)}\sum_{i=1}^{n}(y_i-\bar{y})^2=0.0394$$

该校学生平均捐款估计量的标准差估计为

$$\sqrt{v(\hat{\bar{\bar{Y}}})}=0.20$$

从而,该校学生平均捐款的估计值为 5.50 元,其方差估计为 0.0394,标准差估计为 0.20 元。

该校学生捐款总数为

$$\hat{Y}=\frac{Ny}{n}=\frac{120\times 2200}{10}=26400$$

该校学生捐款总数估计量的方差估计为

$$v(\hat{Y})=\frac{N^2(1-f)}{n}\frac{1}{(n-1)}\sum_{i=1}^{n}(y_i-\bar{y})^2=906693.30$$

该校学生捐款总数估计量的标准差估计为

$$\sqrt{v(\hat{Y})}=952.20$$

该校学生捐款总数在 95%置信概率下的置信上限为

$$\hat{Y}+Z_{\alpha/2}\sqrt{v(\hat{Y})}=28266.31$$

该校学生捐款总数在 95%置信概率下的置信下限为

$$\hat{Y}-Z_{\alpha/2}\sqrt{v(\hat{Y})}=24533.69$$

从而,该校学生捐款总数的估计值为 26400 元,其方差估计为 906693.30,标准差估计为 952.20 元,该校学生捐款总数在置信概率 95%下的置信区间为(24533.69,28266.31)。

R 语言代码：

```
Zalpha2=round(qnorm((1-0.05/2),0,1),2);
#总体的群单元数
N=120;
#样本量
n=10;
M0=40;
#总体的基本单元数
M=N*M0;
# 10个群样本的观察值和户数
yi=c(221,192,198,260,230,201,257,193,205,243);
#样本总值
y=sum(yi);
#样本的群均值
ybar=mean(yi);
#该校学生平均捐款的估计
Yhatbar=round(N*y/n/M,4);
#该校学生平均捐款估计量的方差估计
vYbar=round((1-n/N)/n*sum((yi-ybar)^2)/(n-1)/M0^2,4)
#该校学生平均捐款估计量的标准差估计
sdvYbar=round(sqrt(vYbar),2);
#该校学生捐款总数的估计
Yhat=round(N*y/n,4);
#该校学生捐款总数估计量的方差估计
vY=round(N^2*(1-n/N)/n*sum((yi-ybar)^2)/(n-1),4)
#该校学生捐款总数估计量的标准差估计
sdvY=round(sqrt(vY),2);
#该校学生捐款总数在置信概率95%下的置信上限
Yhat+sdvY*Zalpha2;
#该校学生捐款总数在置信概率95%下的置信下限
Yhat-sdvY*Zalpha2;
```

10. 设某商贸集团下辖 25 个超市，共有销售人员 976 人。采用概率与每个超市人员数成比例的有放回不等概率抽样,抽取 10 个超市,调查每个超市的销售人员数、季度销售额,调查数据见表 6.8。其中有一个超市被抽中两次,编号为 3 和 10。试估计商贸集团的季度销售总额,并给出估计量的标准差估计。

表 6.8 超市的季度销售额

超市编号	销售人员数(人)	超市销售额总和(万元)	平均每人销售额(万元)
1	13	17888	1376
2	32	35264	1102
3	11	12331	1121
4	32	41312	1291
5	32	43264	1352
6	36	39780	1105
7	38	46702	1229
8	30	30120	1004
9	20	20280	1014
10	11	12331	1121

解: 由题意可知,总体的群单元总数 $N=25$,基本单元总数 $M=976$。抽选的群单元数 $n=10$,每个群内基本单元数不等。调查数据是采用了有放回不等概率的单级整群抽样,每个超市被抽中的概率与其销售人员数成比例。此时,该商贸集团的季度销售总额的估计为

$$\hat{Y}_{PPS}=\frac{M}{n}\sum_{i=1}^{n}\frac{y_i}{M_i}=1143384$$

该商贸集团的季度销售总额估计量的方差估计为

$$v(\hat{Y}_{PPS})=\frac{M^2}{n(n-1)}\sum_{i=1}^{n}\left(\frac{y_i}{M_i}-\frac{\hat{Y}_{PPS}}{M}\right)^2=1685027563$$

该商贸集团的季度销售总额估计量的标准差估计为

$$\sqrt{v(\hat{Y}_{PPS})}=41049.09$$

从而,该商贸集团的季度销售总额的估计值为 1143384 万元,其方差估计为 1685027563,标准差估计为 41049.09 万元。

R 语言代码:

```
#总体的群单元数
```

```
N=25;
#样本量
n=10;
#总体的基本单元数
M=976;
# 10个群样本的观察值和户数
yi = c(17888,35264,12331,41312,43264,39780,46702,30120,20280,
12331);
xi=c(13,32,11,32,32,36,38,30,20,11);
#采用不等概率抽样,该商贸集团的季度销售总额的估计
YPPS=M * sum(yi/xi)/n;
#该商贸集团的季度销售总额估计量的方差估计为:
vYPPS=sum((M * yi/xi-YPPS)^2)/n/(n-1);
#该商贸集团的季度销售总额估计量的标准差估计为:
sdvYPPS=round(sqrt(vYPPS),2);
```

第 7 章　两级抽样

7.1　两级抽样的基本概念和定义

1. 两级抽样:群单元称为初级抽样单元或一级抽样单元。每个初级抽样单元可以由基本单元组成,也可以由群单元组成,称其为次级抽样单元或二级抽样单元。采用概率抽样方法抽取初级抽样单元,再采用概率抽样方法抽取次级抽样单元,相应的抽样过程称为两级抽样。如果再继续对次级抽样单元进行概率抽样,则整个抽样过程为三级抽样。

2. 群规模不等的有放回不等概率两级抽样:采用有放回不等概率抽样,从抽样框中抽取事前确定数量的群单元,再从被抽取的群单元中采用简单随机抽样抽取基本单元,将所抽取的基本单元合在一起,作为两级抽样的样本。不等概率抽样应保证每个群单元被抽取的概率等于事前指定的概率值。每个群单元被抽取的概率与其规模成比例。群规模可以是群单元包含的基本单元数量,也可以是其他标志。

3. 总体总值、总体均值、总体群均值和第 i 个群均值:总体包含 N 个群单元,记 Y_i 为第 i 个群单元的标志值,y_{ij} 为第 i 个群第 j 个基本单元的标志值,M_i 为第 i 个群单元包含基本单位数。总体单元总数 $M=\sum_{i=1}^{N}M_i$,总体总值为

$$Y=\sum_{i=1}^{N}\sum_{j=1}^{M_i}y_{ij}=\sum_{i=1}^{N}Y_i$$

总体均值为

$$\bar{\bar{Y}}=\frac{1}{M}\sum_{i=1}^{N}\sum_{j=1}^{M_i}y_{ij}=\frac{1}{M}\sum_{i=1}^{N}Y_i$$

第 i 个群均值为

$$\bar{Y}_i=\frac{1}{M_i}\sum_{j=1}^{M_i}y_{ij}=\frac{Y_i}{M_i}$$

总体群均值为

$$\bar{Y}=\frac{Y}{N}=\frac{1}{N}\sum_{i=1}^{N}Y_i$$

4. 总体方差和第 i 个群单元方差：总体方差为

$$S^2=\frac{\sum_{i=1}^{N}\sum_{j=1}^{M_i}(y_{ij}-\bar{\bar{Y}})^2}{M-1}$$

第 i 个群单元方差描述第 i 个群单元内的基本单元标志值的变异性，

$$S_{2i}^2=\frac{\sum_{j=1}^{M_i}(y_{ij}-\bar{Y}_i)^2}{M_i-1}$$

5. 样本总值、样本均值、样本群均值和样本第 i 个群均值：样本包含 n 个群单元，y_i 为样本的第 i 个群单元的标志值，y_{ij} 为第 i 个群第 j 个基本单元的标志值，m_i 为第 i 个群单元包含基本单位数，样本单元总数 $m=\sum_{i=1}^{n}m_i$，样本总值为

$$y=\sum_{i=1}^{n}\sum_{j=1}^{m_i}y_{ij}=\sum_{i=1}^{n}y_i$$

样本均值为

$$\bar{\bar{y}}=\frac{1}{\sum_{i=1}^{n}m_i}\sum_{i=1}^{n}\sum_{j=1}^{m_i}y_{ij}=\frac{1}{\sum_{i=1}^{n}m_i}\sum_{i=1}^{n}y_i$$

样本第 i 个群均值为

$$\bar{y}_i=\frac{1}{m_i}\sum_{j=1}^{m_i}y_{ij}=\frac{y_i}{m_i}$$

样本群均值为

$$\bar{y}=\frac{1}{n}\sum_{i=1}^{n}y_i$$

6. 总体比率：每个基本单元两个标志值（y_{ij},x_{ij}），每个群也有两个标志值（Y_i,X_i），其中 $i=1,\cdots,N,j=1,\cdots,M_i$。总体比率为

$$R=\frac{\sum_{i=1}^{N}\sum_{j=1}^{M_i}y_{ij}}{\sum_{i=1}^{N}\sum_{j=1}^{M_i}x_{ij}}=\frac{\sum_{i=1}^{N}Y_i}{\sum_{i=1}^{N}X_i}$$

当 $x_{ij}=1,X_i=M_i,X=M$ 时，

$$R=\frac{Y}{M}=\bar{\bar{Y}}$$

7.2　两级抽样的估计量

两级抽样中的符号说明：总体的群数为 N，第 i 个群的单元数为 M_i，总体单

元数为 $M=\sum_{i=1}^{N}M_i$,第 i 个群第 j 个单元的标志值为 y_{ij},第 i 个群的总值为 $Y_i=\sum_{j=1}^{M_i}y_{ij}$,第 i 个群的均值为 $\bar{Y}_i=Y_i/M_i$,总体的群均值为 $\bar{Y}=\sum_{i=1}^{N}Y_i/N$,总体均值为 $\bar{\bar{Y}}=\sum_{i=1}^{N}Y_i/M$ 。第 i 个群 C 类单元数为 A_i ,第 i 个群的比例为 $P_i=A_i/M_i$,总体比例为 $P=\sum_{i=1}^{N}A_i/M$ 。样本的群数为 n ,第 i 个群的基本单元数为 m_i ,样本的单元数为 $m=\sum_{i=1}^{n}m_i$,第一阶段抽样比 $f_1=n/N$,第二阶段抽样比 $f_{2i}=m_i/M_i$ 。第 i 个群第 j 个单元的标志值为 y_{ij},第 i 个群的样本总值为 $y_i=\sum_{j=1}^{m_i}y_{ij}$,第 i 个群的样本均值为 $\bar{y}_i=y_i/m_i$,样本的群均值为 $\bar{y}=\sum_{i=1}^{n}y_i/n$,样本均值为 $\bar{\bar{y}}=\sum_{i=1}^{n}y_i/m$,第 i 个群 C 类单元数为 a_i ,第 i 个群的样本比例为 $p_i=a_i/m_i$,样本比例为 $p=\sum_{i=1}^{n}a_i/m$ 。置信概率为 $1-\alpha$,标准正态分布概率为 $\alpha/2$ 对应的上分位数 $Z_{\alpha/2}$ 。令 $\hat{\bar{Y}}=\sum_{i=1}^{n}M_i\bar{y}_i/n$, $\hat{\bar{A}}=\sum_{k=1}^{n}M_kp_k/n$ 。

1. 群规模相等($M_1=M_2=\cdots=M_0$),采用简单随机抽样方式抽取群单元的单级整群抽样($m_1=m_2=\cdots=m_0$),总体总值的估计

总体总值的估计量

$$\hat{Y}=\frac{N}{n}\sum_{i=1}^{n}M_i\bar{y}_i=M\bar{\bar{y}}$$

总体总值估计量的方差

$$V(\hat{Y})=\frac{(1-f_2)M^2}{m_0n(M-N)}\sum_{i=1}^{N}\sum_{j=1}^{M_i}(y_{ij}-\bar{Y}_i)^2+\frac{(1-f_1)M^2}{nM_0(N-1)}\sum_{i=1}^{N}\sum_{j=1}^{M_i}(\bar{Y}_i-\bar{\bar{Y}})^2$$

总体总值估计量的方差估计

$$v(\hat{Y})=\frac{(1-f_2)f_1M^2}{m_0n(m-n)}\sum_{i=1}^{n}\sum_{j=1}^{m_i}(y_{ij}-\bar{y}_i)^2+\frac{(1-f_1)M^2}{nm_0(n-1)}\sum_{i=1}^{n}\sum_{j=1}^{m_i}(\bar{y}_i-\bar{\bar{y}})^2$$

总体总值的置信区间

$$\left(\hat{Y}-Z_{\alpha/2}\sqrt{v(\hat{Y})},\ \hat{Y}+Z_{\alpha/2}\sqrt{v(\hat{Y})}\right)$$

总体总值的估计量 $\hat{Y}$ 及其方差估计 $v(\hat{Y})$ 都是无偏估计量。

2. 群规模相等($M_1=M_2=\cdots=M_0$),采用简单随机抽样方式抽取群单元的单级整群抽样($m_1=m_2=\cdots=m_0$),总体均值的估计

总体均值的估计量

$$\hat{\bar{\bar{Y}}}=\frac{1}{nm_0}\sum_{i=1}^{n}\sum_{j=1}^{m_i}y_{ij}$$

总体均值估计量的方差

$$V(\hat{\bar{\bar{Y}}})=\frac{(1-f_2)}{m_0n(M-N)}\sum_{i=1}^{N}\sum_{j=1}^{M_i}(y_{ij}-\bar{Y}_i)^2+\frac{(1-f_1)}{nM_0(N-1)}\sum_{i=1}^{N}\sum_{j=1}^{M_i}(\bar{Y}_i-\bar{\bar{Y}})^2$$

总体均值估计量的方差估计

$$v(\hat{\bar{\bar{Y}}})=\frac{(1-f_2)f_1}{m_0n(m-n)}\sum_{i=1}^{n}\sum_{j=1}^{m_i}(y_{ij}-\bar{y}_i)^2+\frac{(1-f_1)}{nm_0(n-1)}\sum_{i=1}^{n}\sum_{j=1}^{m_i}(\bar{y}_i-\bar{\bar{y}})^2$$

总体均值的置信区间

$$\left(\hat{\bar{\bar{Y}}}-Z_{\alpha/2}\sqrt{v(\hat{\bar{\bar{Y}}})},\ \hat{\bar{\bar{Y}}}+Z_{\alpha/2}\sqrt{v(\hat{\bar{\bar{Y}}})}\right)$$

总体均值估计量 $\hat{\bar{\bar{Y}}}$ 及其方差估计 $v(\hat{\bar{\bar{Y}}})$ 都是无偏估计量。

3. 群规模相等($M_1=M_2=\cdots=M_0$),采用简单随机抽样方式抽取群单元的单级整群抽样($m_1=m_2=\cdots=m_0$),C 类单元总数的估计

C 类单元总数的估计量

$$\hat{A}=\frac{M}{n}\sum_{i=1}^{n}p_i$$

C 类单元总数估计量的方差

$$V(\hat{A})=\frac{M^2(1-f_1)}{n(N-1)}\sum_{i=1}^{N}(P_i-P)^2+\frac{(1-f_2)M_0M^2}{m_0nN(M_0-1)}\sum_{i=1}^{N}P_i(1-P_i)$$

C 类单元总数估计量的方差估计

$$v(\hat{A})=\frac{M^2(1-f_1)}{n(n-1)}\sum_{i=1}^{n}(p_i-p)^2+\frac{M^2f_1(1-f_2)}{n^2(m_0-1)}\sum_{i=1}^{n}p_i(1-p_i)$$

C 类单元总数的置信区间

$$\left(Mp-\left[Z_{\alpha/2}\sqrt{v(\hat{A})}+\frac{M}{2nm_0}\right],Mp+\left[Z_{\alpha/2}\sqrt{v(\hat{A})}+\frac{M}{2nm_0}\right]\right)$$

C 类单元总数的估计量 $\hat{A}$ 及其方差估计 $v(\hat{A})$ 都是无偏估计量。

4. 群规模相等($M_1=M_2=\cdots=M_0$),采用简单随机抽样方式抽取群单元的单级整群抽样($m_1=m_2=\cdots=m_0$),总体比例的估计

总体比例估计量

$$\hat{P}=\frac{1}{n}\sum_{i=1}^{n}\frac{a_i}{m_i}$$

总体比例估计量的方差

$$V(\hat{P})=\frac{1-f_1}{n(N-1)}\sum_{i=1}^{N}(P_i-P)^2+\frac{(1-f_2)M_0}{m_0nN(M_0-1)}\sum_{i=1}^{N}P_i(1-P_i)$$

总体比例估计量的方差估计

$$v(\hat{P})=\frac{1-f_1}{n(n-1)}\sum_{i=1}^{n}(p_i-p)^2+\frac{f_1(1-f_2)}{n^2(m_0-1)}\sum_{i=1}^{n}p_i(1-p_i)$$

总体比例的置信区间

$$\left(\hat{P}-\left[Z_{\alpha/2}\sqrt{v(\hat{P})}+\frac{1}{2nm_0}\right],\ \hat{P}+\left[Z_{\alpha/2}\sqrt{v(\hat{P})}+\frac{1}{2nm_0}\right]\right)$$

总体比例的估计量 $\hat{P}$ 及其方差估计 $v(\hat{P})$ 都是无偏估计量。

5. 群规模不等,采用简单随机抽样方式抽取群单元的单级整群抽样,总体总值的简单估计量

总体总值的简单估计量

$$\hat{Y}=\frac{N}{n}\sum_{i=1}^{n}M_i\bar{y}_i$$

总体总值简单估计量的方差

$$V(\hat{Y})=\frac{N}{n}\sum_{i=1}^{N}\frac{M_i^2(1-f_{2i})}{m_i(M_i-1)}\sum_{j=1}^{M_i}(y_{ij}-\bar{Y}_i)^2+\frac{N^2(1-f_1)}{n(N-1)}\sum_{i=1}^{N}(Y_i-\bar{Y})^2$$

总体总值简单估计量的方差估计

$$v(\hat{Y})=\frac{N}{n}\sum_{i=1}^{N}\frac{M_i^2(1-f_{2i})}{m_i(m_i-1)}\sum_{j=1}^{m_i}(y_{ij}-\bar{y}_i)^2+\frac{N^2(1-f_1)}{n(n-1)}\sum_{i=1}^{n}(M_i\bar{y}_i-M_i\hat{\bar{Y}}_i)^2$$

总体总值的简单估计量 $\hat{Y}$ 及其方差估计 $v(\hat{Y})$ 都是无偏估计量。

6. 群规模不等,采用简单随机抽样方式抽取群单元的两级抽样,总体均值的简单估计量

总体均值的简单估计量

$$\hat{\bar{Y}}=\frac{N}{Mn}\sum_{i-1}^{n}M_i\bar{y}_i$$

总体均值简单估计量的方差

$$V(\hat{\bar{Y}})=\frac{N}{nM^2}\sum_{i=1}^{N}\frac{M_i^2(1-f_{2i})}{m_i(M_i-1)}\sum_{j=1}^{M_i}(y_{ij}-\bar{Y}_i)^2+\frac{N^2(1-f_1)}{nM^2(N-1)}\sum_{i=1}^{N}(Y_i-\bar{Y})^2$$

总体均值简单估计量的方差估计

$$v(\hat{\bar{Y}})=\frac{N}{nM^2}\sum_{i=1}^{N}\frac{M_i^2(1-f_{2i})}{m_i(m_i-1)}\sum_{j=1}^{m_i}(y_{ij}-\bar{y}_i)^2+\frac{N^2(1-f_1)}{nM^2(n-1)}\sum_{i=1}^{n}(M_i\bar{y}_i-M_i\hat{\bar{Y}}_i)^2$$

总体均值的简单估计量 $\hat{\bar{Y}}$ 及其方差估计 $v(\hat{\bar{Y}})$ 都是无偏估计量。

7. 群规模不等,采用简单随机抽样方式抽取群单元的两级抽样,*C* 类单元总数的简单估计量

C 类单元总数的简单估计量

$$\hat{A}=\frac{N}{n}\sum_{i=1}^{n}\frac{M_i a_i}{m_i}$$

C 类单元总数简单估计量的方差

$$V(\hat{A})=\frac{N}{n}\sum_{i=1}^{N}\frac{M_i^2(1-f_{2i})}{m_i}\frac{M_iP_i(1-P_i)}{(M_i-1)}+\frac{N^2(1-f_1)}{n(N-1)}\sum_{i=1}^{N}(A_i-\bar{A})^2$$

C 类单元总数简单估计量的方差估计

$$v(\hat{A})=\frac{N}{n}\sum_{i=1}^{N}\frac{M_i^2(1-f_{2i})}{m_i}\frac{m_ip_i(1-p_i)}{(m_i-1)}+\frac{N^2(1-f_1)}{n(n-1)}\sum_{i=1}^{n}(M_ip_i-\bar{\hat{A}})^2$$

C 类单元总数的估计量 $\hat{A}$ 及其方差估计 $v(\hat{A})$ 都是无偏估计量。

8. 群规模不等,采用简单随机抽样方式抽取群单元的两级抽样,总体比例的简单估计量

总体比例的简单估计量

$$\hat{P}=\frac{N}{nM}\sum_{i=1}^{n}\frac{M_i a_i}{m_i}$$

总体比例简单估计量的方差

$$V(\hat{P})=\frac{N}{M^2n}\sum_{i=1}^{N}\frac{M_i^2(1-f_{2i})}{m_i}\frac{M_iP_i(1-P_i)}{(M_i-1)}+\frac{N^2(1-f_1)}{nM^2(N-1)}\sum_{i=1}^{N}(A_i-\bar{A})^2$$

总体比例简单估计量的方差估计

$$v(\hat{P})=\frac{N}{nM^2}\sum_{i=1}^{N}\frac{M_i^2(1-f_{2i})}{m_i}\frac{m_ip_i(1-p_i)}{(m_i-1)}+\frac{N^2(1-f_1)}{nM^2(n-1)}\sum_{i=1}^{n}(M_ip_i-\bar{\hat{A}})^2$$

总体比例的估计量 $\hat{P}$ 及其方差估计 $v(\hat{P})$ 都是无偏估计量。

9. 群规模不等,采用简单随机抽样方式抽取群单元的两级抽样,群规模 M_i 作为辅助变量,总体总值的比率估计量

总体总值的比率估计量

$$\hat{Y}_R=\frac{M\sum_{i=1}^{n}M_i\bar{y}_i}{\sum_{i=1}^{n}M_i}$$

总体总值比率估计量的方差

$$V(\hat{Y}_R)=\frac{N}{n}\sum_{i=1}^{N}\frac{M_i^2(1-f_{2i})}{m_i(M_i-1)}\sum_{j=1}^{M_i}(y_{ij}-\bar{Y}_i)^2+\frac{N^2(1-f_1)}{n}\frac{\sum_{i=1}^{N}M_i^2(\bar{Y}_i-\bar{\bar{Y}})^2}{N-1}$$

总体总值比率估计量的方差估计

$$v(\hat{Y}_R)=\frac{N}{n}\sum_{i=1}^{n}\frac{M_i^2(1-f_{2i})}{m_i(m_i-1)}\sum_{j=1}^{m_i}(y_{ij}-\bar{y}_i)^2+\frac{N^2(1-f_1)}{n}\frac{\sum_{i=1}^{n}M_i^2(\bar{y}_i-\hat{\bar{\bar{Y}}}_R)^2}{n-1}$$

当样本中的群数 n 足够大,在近似意义下,总体总值的比率估计量 $\hat{Y}_R$ 及其方差估计 $v(\hat{Y}_R)$ 都是无偏估计量。

10. 群规模不等,采用简单随机抽样方式抽取群单元的两级抽样,群规模 M_i 作为辅助变量,总体均值的比率估计量

总体均值的比率估计量

$$\hat{\bar{\bar{Y}}}_R=\frac{\sum_{i=1}^{n}M_i\bar{y}_i}{\sum_{i=1}^{n}M_i}$$

总体均值比率估计量的方差

$$V(\hat{\bar{\bar{Y}}}_R)=\frac{N}{nM^2}\sum_{i=1}^{N}\frac{M_i^2(1-f_{2i})}{m_i(M_i-1)}\sum_{j=1}^{M_i}(y_{ij}-\bar{Y}_i)^2+\frac{N^2(1-f_1)}{nM^2}\frac{\sum_{i=1}^{N}M_i^2(\bar{Y}_i-\bar{\bar{Y}})^2}{N-1}$$

总体均值比率估计量的方差估计

$$v(\hat{\bar{\bar{Y}}}_R)=\frac{N}{nM^2}\sum_{i=1}^{n}\frac{M_i^2(1-f_{2i})}{m_i(m_i-1)}\sum_{j=1}^{m_i}(y_{ij}-\bar{y}_i)^2+\frac{N^2(1-f_1)}{nM^2}\frac{\sum_{i=1}^{n}M_i^2(\bar{y}_i-\hat{\bar{\bar{Y}}}_R)^2}{n-1}$$

当样本中的群数 n 足够大,在近似意义下,总体均值的比率估计量 $\hat{\bar{\bar{Y}}}_R$ 及其方差估计 $v(\hat{\bar{\bar{Y}}}_R)$ 都是无偏估计量。

11. 群规模不等,采用简单随机抽样方式抽取群单元的两级抽样,群规模 M_i 作为辅助变量,C 类单元总数的比率估计

C 类单元总数的比率估计量

$$\hat{A}_R=\frac{M\sum_{i=1}^{n}M_ip_i}{\sum_{i=1}^{n}M_i}$$

C 类单元总数比率估计量的方差

$$V(\hat{A}_R)=\frac{N}{n}\sum_{i=1}^{N}\frac{M_i^2(1-f_{2i})}{m_i}\frac{M_iP_i(1-P_i)}{(M_i-1)}+\frac{N^2(1-f_1)}{n}\frac{\sum_{i=1}^{N}M_i^2(P_i-P)^2}{N-1}$$

C 类单元总数比率估计量的方差估计

$$v(\hat{A}_R)=\frac{N}{n}\sum_{i=1}^{n}\frac{M_i^2(1-f_{2i})}{m_i}\frac{m_ip_i(1-p_i)}{(m_i-1)}+\frac{N^2(1-f_1)}{n}\frac{\sum_{i=1}^{n}M_i^2(p_i-p)^2}{n-1}$$

当样本中的群数 n 足够大,在近似的意义上,C 类单元总数的比率估计量 $\hat{A}_R$ 及其方差估计 $v(\hat{A}_R)$ 都是无偏估计量。

12. 群规模不等,采用简单随机抽样方式抽取群单元的两级抽样,群规模 M_i

作为辅助变量，总体比例的比率估计

总体比例的比率估计量

$$\hat{P}_R = \frac{\sum_{i=1}^{n} M_i p_i}{\sum_{i=1}^{n} M_i}$$

总体比例比率估计量的方差

$$V(\hat{P}_R) = \frac{N}{nM^2}\sum_{i=1}^{N}\frac{M_i^2(1-f_{2i})}{m_i}\frac{M_i P_i(1-P_i)}{(M_i-1)} + \frac{N^2(1-f_1)}{nM^2}\frac{\sum_{i=1}^{N} M_i^2 (P_i-P)^2}{N-1}$$

总体比例比率估计量的方差估计

$$v(\hat{P}_R) = \frac{N}{nM^2}\sum_{i=1}^{n}\frac{M_i^2(1-f_{2i})}{m_i}\frac{m_i p_i(1-p_i)}{(m_i-1)} + \frac{N^2(1-f_1)}{nM^2}\frac{\sum_{i=1}^{n} M_i^2 (p_i-p)^2}{n-1}$$

当样本中的群数 n 足够大，在近似的意义上，总体比例的比率估计量 $\hat{P}_R$ 及其方差估计 $v(\hat{P}_R)$ 都是无偏估计量。

13. 群规模不等，采用有放回不等概率抽样方式抽取群单元的两级抽样，群被抽取的概率与其规模 M_i 成比例，总体总值的估计

总体总值的估计量

$$\hat{Y}_{PPS} = \frac{M}{n}\sum_{i=1}^{n}\bar{y}_i$$

总体总值估计量的方差

$$V(\hat{Y}_{PPS}) = \frac{M}{n}\sum_{i=1}^{N}\frac{M_i(1-f_{2i})}{m_i(M_i-1)}\sum_{j=1}^{M_i}(y_{ij}-\bar{Y}_i)^2 + \frac{M}{n}\sum_{i=1}^{N}M_i(\bar{Y}_i-\bar{\bar{Y}})^2$$

总体总值估计量的方差估计

$$v(\hat{Y}_{PPS}) = \frac{M^2}{n(n-1)}\sum_{i=1}^{n}(\bar{y}_i-\hat{\bar{\bar{Y}}}_{PPS})^2$$

总体总值估计量 $\hat{Y}_{PPS}$ 及其方差估计 $v(\hat{Y}_{PPS})$ 都是无偏估计量。

14. 群规模不等，采用有放回不等概率抽样方式抽取群单元的两级抽样，群被抽取的概率与其规模 M_i 成比例，总体均值的估计

总体均值的估计量

$$\hat{\bar{\bar{Y}}}_{PPS} = \frac{1}{n}\sum_{i=1}^{n}\bar{y}_i$$

总体均值估计量的方差

$$V(\hat{\bar{\bar{Y}}}_{PPS}) = \frac{1}{nM}\sum_{i=1}^{N}\frac{M_i(1-f_{2i})}{m_i(M_i-1)}\sum_{j=1}^{M_i}(y_{ij}-\bar{Y}_i)^2 + \frac{1}{nM}\sum_{i=1}^{N}M_i(\bar{Y}_i-\bar{\bar{Y}})^2$$

总体均值估计量的方差估计

$$v(\hat{\bar{\bar{Y}}}_{PPS})=\frac{1}{n(n-1)}\sum_{i=1}^{n}(\bar{y}_i-\hat{\bar{\bar{Y}}}_{PPS})^2$$

总体均值估计量 $\hat{\bar{\bar{Y}}}_{PPS}$ 及其方差估计 $v(\hat{\bar{\bar{Y}}}_{PPS})$ 都是无偏估计量。

15. 群规模不等,采用有放回不等概率抽样方式抽取群单元的两级抽样,群被抽取的概率与其规模 M_i 成比例,C 类单元总数的估计

C 类单元总数的估计量

$$\hat{A}_{PPS}=\frac{M}{n}\sum_{i=1}^{n}p_i$$

C 类单元总数估计量的方差

$$V(\hat{A}_{PPS})=\frac{M}{n}\sum_{i=1}^{N}\frac{M_i(1-f_{2i})}{m_i}\frac{M_iP_i(1-P_i)}{M_i-1}+\frac{M}{n}\sum_{i=1}^{N}M_i(P_i-P)^2$$

C 类单元总数估计量的方差估计

$$v(\hat{A}_{PPS})=\frac{M^2}{n(n-1)}\sum_{i=1}^{n}(p_i-\hat{P}_{PPS})^2$$

总体均 C 类单元总数估计量 $\hat{A}_{PPS}$ 及其方差估计 $v(\hat{A}_{PPS})$ 都是无偏估计量。

16. 群规模不等,采用有放回不等概率抽样方式抽取群单元的两级抽样,群被抽取的概率与其规模 M_i 成比例,总体比例的估计

总体比例的估计量

$$\hat{P}_{PPS}=\frac{1}{n}\sum_{i=1}^{n}p_i$$

总体比例估计量的方差

$$V(\hat{P}_{PPS})=\frac{1}{Mn}\sum_{i=1}^{N}\frac{M_i(1-f_{2i})}{m_i}\frac{M_iP_i(1-P_i)}{M_i-1}+\frac{1}{Mn}\sum_{i=1}^{N}M_i(P_i-P)^2$$

总体比例估计量的方差估计

$$v(\hat{P}_{PPS})=\frac{1}{n(n-1)}\sum_{i=1}^{n}(p_i-\hat{P}_{PPS})^2$$

总体比例的估计量 $\hat{P}_{PPS}$ 及其方差估计 $v(\hat{P}_{PPS})$ 都是无偏估计量。

7.3 习题解答

1. 某高校欲利用两级抽样调查下述指标,请分别选择两级抽样的单元,并叙述理由。(1)全校学生拥有的电脑数;(2)每位同学拥有的各种英语教学书籍;(3)

测试男生平均每分钟仰卧起坐次数。

解:

(1)采用两级抽样调查全校学生拥有的电脑数,把每个年级的班级看作群,作为一级抽样单元,二级抽样单元为班级的所有学生。将班级划分群单元,抽样框容易制定,对班级的调查容易实施。

(2)采用两级抽样调查每位同学拥有的各种英语教学书籍,把每个学院的班级看作群,作为一级抽样单元,二级抽样单元为班级的所有学生。将班级划分群单元,抽样框容易制定,对班级的调查容易实施。

(3)采用两级抽样调查男生平均每分钟仰卧起坐次数,把每个男生宿舍看作群,作为一级抽样单元,二级抽样单元为每个宿舍的男生。将男生宿舍划分群单元,抽样框容易制定,对宿舍的调查容易实施。

2. 利用某商店的发票估计上月销售额。若该商店上月共用 18 本发票,采用简单随机抽样抽取了 4 本。每本发票共有 200 张,采用简单随机抽样从抽中的每本发票中独立抽取 40 张发票,调查数据如表 7.1。试估计该商店上月销售额及其标准差的估计。

表 7.1 某商店发票的数据

第 i 本发票	发票金额 $\sum_{j=1}^{40} y_{ij}$ (万元)	$\sum_{j=1}^{40} y_{ij}^2$
1	441.95	7180.00
2	368.92	4026.59
3	317.24	3260.77
4	357.40	4665.84

解:由题意可知,每本发票为一级单位,每一张发票为二级单位,采用了群规模相等的二级抽样。总体的群单元总数 $N=18$, $M_1=\cdots=M_{18}=M_0=200$,基本单元总数 $M=NM_0=3600$。样本群单元数 $n=4$,每个群样本单元数量 $m_1=m_2=m_3=m_4=m_0=40$。各群样本总值为 $y_1=441.95$, $y_2=368.92$, $y_3=317.24$, $y_4=357.40$。可以计算,

$$y=\sum_{i=1}^{n}\sum_{j=1}^{m_i} y_{ij}=1455.51$$

$$s_{21}^2=\frac{1}{m_1-1}\sum_{j=1}^{m_1}(y_{1j}-\bar{y}_1)^2=75.3187$$

$$s_{22}^2=\frac{1}{m_2-1}\sum_{j=1}^{m_2}(y_{2j}-\bar{y}_2)^2=16.0010$$

$$s_{23}^2=\frac{1}{m_3-1}\sum_{j=1}^{m_3}(y_{3j}-\bar{y}_3)^2=19.0959$$

$$s_{24}^2=\frac{1}{m_4-1}\sum_{j=1}^{m_4}(y_{4j}-\bar{y}_4)^2=37.7557$$

该商店的上月销售总额的估计为

$$\hat{Y}=\frac{My}{nm_0}$$

$$=\frac{3600\times 1455.51}{4\times 40}=32748.97$$

该商店的上月销售总额估计量的方差估计为：

$$v(\hat{Y})=\frac{(1-f_2)f_1M^2}{m_0n(m-n)}\sum_{i=1}^{n}\sum_{j=1}^{m_i}(y_{ij}-\bar{y}_i)^2+\frac{(1-f_1)M^2}{nm_0(n-1)}\sum_{i=1}^{n}\sum_{j=1}^{m_i}(\bar{y}_i-\bar{\bar{y}})^2$$

$$=2923955$$

该商店的上月销售总额估计量的标准差估计为：

$$\sqrt{v(\hat{Y})}=1709.96$$

从而,该商店的上月销售总额的估计为 32748.97 万元,该估计量的方差估计为 2923955,该估计量的标准差估计为 1709.96 元。

R 语言代码:

```
#总体的群数
N=18;
#每群的单元数
M0=200;
#总体单元数
M=N*M0;
#样本的群数
n=4;
#样本的单元数
m0=40;
#样本的第 i 群总值
yi=c(411.95,368.92,317.24,357.40);
```

```
#样本的总值
y=sum(yi);
#样本的第i群观测值平方和
yi2=c(7180.00,4026.59,3260.77,4665.84);
#样本的第i群的方差
si2=round((yi2-yi^2/m0)/(m0-1),4)
#上月销售总额的估计为:
Yhat=M*y/n/40;
#上月销售总额估计量的方差估计为:
vY=M^2*((1-m0/M0)*(n/N)*mean(si2)/m0/n+(1-n/N)*var(yi/m0)/n);
#上月销售总额估计量的标准差估计为:
sdvY=sqrt(vY);
```

3. 试验田划分为160个小地块,每个地块有9株植物。现采用简单随机抽样抽取40个地块,再从每个地块中抽取3株植物,观察的植物生长情况。结果显示,无病害植物的地块有22个,有1株病害植物的地块有11个,有2株病害植物的地块有4个,全部3株为病害的地块有3个。试估计整个试验田发生病害的植物总数及其占总植物数的比例,给出估计量的标准差。

解:由题意可知,将试验田的160个小地块视为一级单位,二级单位为小地块都有9种植物,采用了群规模大小相等的两级抽样。总体的群单元总数 $N=160$,群内基本单元数 $M_1=\cdots=M_{160}=M_0=9$, $M=NM_0=1440$。样本的群数 $n=40$。可以计算

$$a=\sum_{i=1}^{n}a_i=28$$

整个试验田发生病害植物总数的估计为

$$\hat{A}=\frac{Ma}{nm_0}=\frac{1440\times 28}{3\times 40}=336$$

整个试验田发生病害植物总数估计量的方差估计为

$$v(\hat{A})=\frac{(1-f_2)f_1M^2}{m_0n(m-n)}\sum_{i=1}^{n}m_ip_i(1-p_i)+\frac{(1-f_1)M^2}{nm_0(n-1)}\sum_{i=1}^{n}\sum_{j=1}^{m_i}(p_i-\hat{P})^2$$

$=4170.426$

整个试验田发生病害植物总数估计量的标准差估计为:

$$\sqrt{v(\hat{A})}=65$$

从而,整个试验田发生病害植物总数的估计为336株,该估计量的方差估计为4170.426,该估计量的标准差估计为65株。

整个试验田发生病害植物比例的估计为

$$\hat{P}=\frac{a}{nm_0}$$
$$=\frac{28}{3\times 40}=0.23$$

整个试验田发生病害植物比例估计量的估计方差为:

$$v(\hat{P})=\frac{(1-f_2)f_1}{m_0 n(m-n)}\sum_{i=1}^{n}m_i p_i(1-p_i)+\frac{(1-f_1)}{nm_0(n-1)}\sum_{i=1}^{n}\sum_{j=1}^{m_i}(p_i-\hat{P})^2$$
$$=0.0020112$$

整个试验田发生病害植物比例估计量的标准差估计为:

$$\sqrt{v(\hat{P})}=0.0448$$

从而,整个试验田发生病害植物比例的估计为23%,该估计量的方差估计为0.0020112,该估计量的标准差估计为4.48%。

R 语言代码:

```
#总体的群数
N=160;
#每群的单元数
M0=9;
#总体单元数
M=N*M0;
#样本的群数
n=40;
#样本的单元数
m0=3;
#样本的第i群总值
yi=c(rep(0,22),rep(1,11),rep(2,4),rep(3,3));
```

```
#样本的总值
y=sum(yi);
#样本的第 i 群的方差
si2=round(m0 * yi/m0 * (1-yi/m0)/(m0-1),4)
#整个试验田发生病害的植物总数的估计为:
Yhat=M * y/n/m0;
#整个试验田发生病害的植物总数估计量的方差估计为:
vY=M^2 * ((1-m0/M0) * (n/N) * mean(si2)/m0/n+(1-n/N) * var(yi/
m0)/n);
#整个试验田发生病害的植物总数估计量的标准差估计为:
sdvY=round(sqrt(vY));
#整个试验田发生病害植物比例的估计为:
Phat=round(y/n/m0,2);
#整个试验田发生病害植物比例估计量的方差估计为:
vP=round(((1-m0/M0) * (n/N) * mean(si2)/m0/n+(1-n/N) * var(yi/
m0)/n),8);
#整个试验田发生病害植物比例估计量的标准差估计为:
sdvP=round(sqrt(vP),4);
```

4. 某灯泡厂生产特种灯泡,1 月份生产 1000 箱,2 月份生产 500 箱,3 月份生产 300 箱,每箱 100 个。用简单随机抽样方法分别从三个月产品中抽出 5 箱,开箱检测每箱灯泡的合格率,数据见表 7.2。试估计各月以及全季度产品的合格率。

表 7.2 灯泡的合格率 单位:%

月份	检验箱序号				
	1	2	3	4	5
1	90	90	80	30	90
2	70	80	40	90	90
3	100	100	90	80	80

解:灯泡厂生产的所有灯泡按照 1、2 和 3 月份划分为 3 个层,每个月对应 1 个层,$L=3$。整箱灯泡为一级单位,每个灯泡为二级单位。三个层的单元数分别为 100000,50000,30000,权数分别为 0.56,0.28,0.17。每个层采用单级整群抽样,$M_0=100$,三个层的样本群单元数 $n_1=n_2=n_3=5$。$a_{11}=90$,$a_{12}=90$,$a_{13}=80$,a_{14}

$=30, a_{15}=90, a_1=380, a_{21}=70, a_{22}=80, a_{23}=40, a_{24}=90, a_{25}=90, a_2=370, a_{31}=100, a_{32}=100, a_{33}=90, a_{34}=80, a_{35}=80, a_3=450$。

1月份产品合格率的估计为

$$\hat{P}_1=\frac{a_1}{n_1 M_0}=\frac{380}{5\times100}=76\%$$

1月份产品合格率估计量的方差估计为

$$v(\hat{P}_1)=\frac{(1-n_1/N_1)}{n_1(n_1-1)}\sum_{i=1}^{n_1}(a_{1i}/M_0-\hat{P}_1)^2=0.0135$$

1月份产品合格率估计量的标准差估计为

$$\sqrt{v(\hat{P}_1)}=0.1162$$

2月份产品合格率的估计为

$$\hat{P}_2=\frac{a_2}{n_2 M_0}=\frac{370}{5\times100}=74\%$$

2月份产品合格率估计量的方差估计为

$$v(\hat{P}_2)=\frac{(1-n_2/N_2)}{n_2(n_2-1)}\sum_{i=1}^{n_2}(a_{2i}/M_0-\hat{P}_2)^2=0.0085$$

2月份产品合格率估计量的标准差估计为

$$\sqrt{v(\hat{P}_2)}=0.0922$$

3月份产品合格率的估计为

$$\hat{P}_3=\frac{a_3}{n_3 M_0}=\frac{450}{5\times100}=90\%$$

3月份产品合格率估计量的方差估计为

$$v(\hat{P}_3)=\frac{(1-n_3/N_3)}{n_3(n_3-1)}\sum_{i=1}^{n_3}(a_{3i}/M_0-\hat{P}_3)^2=0.0020$$

3月份产品合格率估计量的标准差估计为

$$\sqrt{v(\hat{P}_3)}=0.0447$$

全季度产品合格率的估计为

$$\hat{P}=\sum_{h=1}^{L}W_h\hat{P}_h=0.7858$$

全季度产品合格率估计量的方差估计为

$$v(\hat{P})=\sum_{h=1}^{L}W_h^2 v(\hat{P}_h)=0.0050$$

全季度产品合格率估计量的标准差估计为

$$\sqrt{v(\hat{P})}=0.0707$$

从而，1月份产品合格率的估计为76%，其估计方差为0.0135，其估计标准差为0.1162；2月份产品合格率的估计为74%，其估计方差为0.0085，其估计标准差为0.0922；3月份产品合格率的估计为90%，其估计方差为0.0020，其标准差估计为0.0447；全季度产品合格率的估计为78.58%，其估计方差为0.0050，其标准差估计为0.0707。

R语言代码：

```
#三个月的箱数
Ns=c(1000,500,300)
#每箱的单元数
M0=100;
#三个月的灯泡数
Ms=Ns*M0
#三个月的权数
Ws=round(Ms/sum(Ms),2)
#总体的群数
N=160;
n=c(5,5,5)
#三个月的样本数据
y1=c(90,90,80,30,90);
y2=c(70,80,40,90,90);
y3=c(100,100,90,80,80);
#三个月份产品合格率估计
p=c(mean(y1/M0),mean(y2/M0),mean(y3/M0));
#三个份产品合格率估计量的方差估计
vP=round((1-n/Ns)/n*c(var(y1/M0),var(y2/M0),var(y3/M0)),4);
```

```
#三个份产品合格率估计量的标准差估计
sdvP=round(sqrt(vP),4);
#全部产品合格率估计
Phat=sum(p * Ws);
#全部产品合格率估计量的方差估计
vPhat=round(sum(vP * Ws^2),4);
#全部产品合格率估计量的标准差估计
sdvPhat=round(sqrt(vPhat),4);
```

5. 某居民区共有 200 个居民点,拥有微波炉共计 16000 台。现以居民点作为群单元,采用简单随机抽样抽取 3 个居民点。再以微波炉作为二级抽样单元,简单随机抽样从被抽中的每个居民点抽取微波炉,得到调查数据如表 7.3。试估计该居民区居民每周使用微波炉的平均时间。

表 7.3　居民区的微波炉使用时间

名称	台数	一周内使用时间(小时)			
向阳胡同	$M_1=80$	$y_{11}=3$	$y_{12}=7$	$y_{13}=5$	
南斜街	$M_2=200$	$y_{21}=6$	$y_{22}=4$	$y_{23}=12$	$y_{24}=10$
北菜园	$M_3=120$	$y_{31}=0$	$y_{32}=2$	$y_{33}=10$	$y_{34}=8$

解:由题目可知,居民点为一级单位,微波炉为二级单位,采用两级抽样。总体的群单元数 $N=200$,总体的单元数 $M=16000$。样本的群单元数 $n=3$, $M_1=80$, $M_2=200$, $M_3=120$, $m_1=3$, $m_2=4$, $m_3=4$。可以计算,

$$\hat{Y}=\frac{1}{n}\sum_{i=1}^{n}\frac{M_i}{m_i}\sum_{j=1}^{m_i}y_{ij}=866.67$$

该居民区居民每周使用微波炉平均时间的估计为

$$\hat{\bar{\bar{Y}}}=\frac{N}{Mn}\sum_{i=1}^{n}\frac{M_i}{m_i}\sum_{j=1}^{m_i}y_{ij}=10.83$$

该居民区居民每周使用微波炉平均时间估计量的方差估计为

$$v(\hat{\bar{\bar{Y}}})=\frac{N}{nM^2}\sum_{i=1}^{N}\frac{M_i^2(1-f_{2i})}{m_i(m_i-1)}\sum_{j=1}^{m_i}(y_{ij}-\bar{y}_i)^2+\frac{N^2(1-f_1)}{nM^2(n-1)}\sum_{i=1}^{n}(M_i\bar{y}_i-\hat{\bar{Y}})^2$$
$$=21.5097$$

该居民区居民每周使用微波炉平均时间估计量的标准差估计为

$$\sqrt{v(\hat{\bar{\bar{Y}}})}=4.64$$

从而,该居民区居民每周使用微波炉的平均时间估计为 10.83 小时,该估计量的标准差估计为 4.64 小时。

R 语言代码:

```
#总体的群数
N=200;
#总体单元数
M=16000;
#样本的群数
n=3;
# 3 个群单元数
Mi=c(80,200,120);
#样本的单元数
mi=c(3,4,4);
#样本的第 i 群
y1=c(3,7,5);
y2=c(6,4,12,10 );
y3=c(0,2,10,8 );
#样本的第 i 群总值
yi=c(sum(y1),sum(y2),sum(y3));
#该居民区居民每周使用微波炉平均时间的估计为
Yhat=round(N*sum(Mi*yi/mi)/n/M,2);
#该居民区居民每周使用微波炉平均时间估计量的方差估计为
vY=round(N*mean(Mi^2*(1-mi/Mi)*var(yi)/mi)/M^2+
N^2*(1-n/N)*var(Mi*yi/mi)/n/M^2,4);
#该居民区居民每周使用微波炉平均时间估计量的标准差估计为
sdvY=round(sqrt(vY),2);
```

6. 某工厂欲征求工人对一项改革措施的意见,工厂有 12 个车间,各车间人数见表 7.4。采用有放回不等概率抽样从 12 个车间中抽取 4 个车间,每个车间被抽中的概率与车间人数成比例。从被抽中的每个车间中,采用简单随机抽样抽取 10

人,征询对该项改革措施是否赞同,调查的车间与赞成人数见表 7.4。试根据调查结果估计该工厂赞成该项改革措施的工人总数。

表 7.4 工人赞成改革措施人数

车间	1	2	3	4	5	6	7	8	9	10	11	12
人数	45	82	52	91	62	96	85	73	50	76	64	60
被抽中	否	否	是	否	否	是	否	否	否	是	是	否
赞成人数			4			3				8	6	

解:由题目可知,工厂的 12 个车间为一级单元,车间的工人为二级单元,采用有放回不等概抽群的两级抽样。总体群单元总数 $N=12$,样本的群单元数 $n=4$,$a_1=4, a_2=3, a_3=8, a_4=6$, $m_1=m_2=m_3=m_4=10$, $M_1=52, M_2=96, M_3=76$, $M_4=64$,总体的单元数 $M=\sum_{i=1}^{N} M_i=836$。

该工厂赞成该项改革措施的工人总数的估计为

$$\hat{A}=\frac{M}{n}\sum_{i=1}^{n}\frac{a_i}{m_i}=439$$

该工厂赞成该项改革措施的工人总数估计量的方差估计为

$$v(\hat{A})=\frac{M^2}{n(n-1)}\sum_{i=1}^{n}(p_i-\hat{A}/m)^2=8590.60$$

该工厂赞成该项改革措施的工人总数估计量的标准差估计为

$$\sqrt{v(\hat{A})}=93$$

从而,该工厂赞成该项改革措施的工人总数的估计为 439 人,该估计量的方差估计为 8590.60,标准差估计为 93 人。

R 语言代码:

```
#总体的群数
N=12;
Mi=c(45,82,52,91,62,96,85,73,50,76,64,60);
#总体单元数
M=sum(Mi);
#样本的群数
n=4;
```

```
# 4个群单元数
Mi=c(52,96,76,64);
#样本的单元数
mi=c(10,10,10,10);
#样本的第i群总值
yi=c(4,3,8,6);
#该工厂赞成该项改革措施的工人总数的估计为:
Yhat=round(M*mean(yi/mi));
#该工厂赞成该项改革措施的工人总数估计量的方差估计为:
vY=round(M^2*var(yi/mi)/n,4);
#该工厂赞成该项改革措施的工人总数估计量的标准差估计为:
sdvY=round(sqrt(vY));
```

7. 某高校学生会欲对全校女生拍摄个人艺术照的比例进行调查。全校共有女生宿舍200间,每间住6位同学。学生会采用两级抽样,从200间宿舍中无放回等概率抽取10间宿舍,再从被抽中的每间宿舍中采用简单随机抽样独立抽取3位同学进行调查,调查数据见表7.5。试估计拍摄过个人艺术照的女生比例,并给出估计量的标准差。

表7.5 学生会的调查数据

宿舍	曾拍摄的人数	宿舍	曾拍摄的人数
1	2	6	1
2	0	7	0
3	1	8	1
4	2	9	1
5	1	10	0

解:由题目可知,全校的200间宿舍为一级单位,宿舍的学生为二级单位,采用了无放回等概率抽群的两级抽样。总体的群单元总数 $N=200$,每个单元数都为 $M_0=6$, $M=1200$,样本的群单元数 $n=10$,每个群的样本单元数 $m_0=3$。

拍摄过个人艺术照的女生比例的估计为

$$\hat{P}=\frac{1}{m_0 n}\sum_{i=1}^{n}a_i=30\%$$

拍摄过个人艺术照的女生比例估计量的方差估计为

$$v(\hat{P})=\frac{1-f_1}{n(n-1)}\sum_{i=1}^{n}(p_i-\hat{P})^2+\frac{f_1(1-f_2)}{n^2(m_0-1)}\sum_{i=1}^{n}p_i(1-p_i)=0.004249$$

拍摄过个人艺术照的女生比例估计量的标准差估计为

$$\sqrt{v(\hat{P})}=6.52\%$$

从而,拍摄过个人艺术照的女生比例的估计为30%,该估计量的方差估计为0.004249,标准差估计为6.52%。

R语言代码:

```
#总体的群数
N=200;
#每群的单元数
M0=6;
#总体单元数
M=N*M0;
#样本的群数
n=10;
#样本的单元数
m0=3;
#样本的第i群总值
yi=c(2,0,1,2,1,1,0,1,1,0);
#样本的总值
y=sum(yi);
#样本的第i群的方差
si2=round(m0*yi/m0*(1-yi/m0)/(m0-1),4);
#拍摄过个人艺术照的女生比例的估计为
Phat=round(y/n/m0,2);
#拍摄过个人艺术照的女生比例估计量的方差估计为
vP=round(((1-m0/M0)*(n/N)*mean(si2)/m0/n+(1-n/N)*var(yi/
m0)/n),6);
#拍摄过个人艺术照的女生比例估计量的标准差估计为
sdvP=round(sqrt(vP),4);
```

8. 某居委会欲调查居民健身活动情况。已知该居委会有 500 名居民,在所属 10 个居民单元中抽出 4 个单元,再从被抽取的每个居民单元中独立抽出若干居民,两个阶段都采用简单随机抽样,调查居民每天健身活动的时间,调查数据见表 7.6(以 10 分钟为 1 个单位)。试估计居民每天健身活动的平均时间,并给出估计方差。再构造比率估计量,估计居民每天健身活动的平均时间,给出比率估计量的方差估计。如果表 7.6 的数据是第一阶段采用有放回不等概率抽群的两级抽样,被抽中概率与居民单元人数成比例,重新估计居民每天健身活动的平均时间,给出估计量的估计方差,并进行比较。

表 7.6 样本居民活动资料

单元	总人数	样本量	时间				
1	32	4	4	2	3	6	
2	45	5	2	2	4	3	6
3	36	4	3	2	5	8	
4	54	6	4	3	6	2	4

解:由题意可知,居民单元为一级抽样单元,单元内的居民为二级抽样单元,每个居民单元内居住的居民人数不等,采用了无放回等概率抽群的二级抽样。总体的群单元总数 $N=10$,基本单元总数 $M=500$。样本群数 $n=4$,群内单元数 $M_1=32,M_2=45,M_3=36,M_4=54$,样本单元数 $m_1=4,m_2=5,m_3=4,m_4=6$。可以计算,

$$\hat{Y}=\frac{1}{n}\sum_{i=1}^{n}\frac{M_i}{m_i}\sum_{j=1}^{m_i}y_{ij}=165$$

居民每天健身活动的平均时间的简单估计量为

$$\hat{\bar{\bar{Y}}}=\frac{N}{Mn}\sum_{i=1}^{n}\frac{M_i}{m_i}\sum_{j=1}^{m_i}y_{ij}=3.3$$

居民每天健身活动的平均时间简单估计量的方差估计为

$$v(\hat{\bar{\bar{Y}}})=\frac{N}{nM^2}\sum_{i=1}^{N}\frac{M_i^2(1-f_{2i})}{m_i(m_i-1)}\sum_{j=1}^{m_i}(y_{ij}-\bar{y}_i)^2+\frac{N^2(1-f_1)}{nM^2(n-1)}\sum_{i=1}^{n}(M_i\bar{y}_i-\hat{\bar{Y}})^2$$
$$=0.3622$$

居民每天健身活动的平均时间简单估计量的标准差估计为

$$\sqrt{v(\hat{\bar{\bar{Y}}})}=0.6$$

从而,居民每天健身活动的平均时间的估计为 3.3(10 分钟),该估计量的方差

估计为 0.3622,标准差估计为 0.6(10 分钟)。

居民每天健身活动的平均时间的比率估计量为

$$\hat{\bar{\bar{Y}}}_R=\frac{\sum_{i=1}^{n}M_i\bar{y}_i}{\sum_{i=1}^{n}M_i}=3.9521$$

居民每天健身活动的平均时间比率估计量的方差估计为

$$v(\hat{\bar{\bar{Y}}}_R)=\frac{N}{nM^2}\sum_{i=1}^{n}\frac{M_i^2(1-f_{2i})}{m_i(m_i-1)}\sum_{j=1}^{m_i}(y_{ij}-\bar{y}_i)^2+\frac{N^2(1-f_1)}{nM^2}\frac{\sum_{i=1}^{n}M_i^2(\bar{y}_i-\hat{\bar{\bar{Y}}}_R)^2}{n-1}$$
$$=0.2703$$

居民每天健身活动的平均时间比率估计量的标准差估计为

$$\sqrt{v(\hat{\bar{\bar{Y}}}_R)}=0.52$$

从而,居民每天健身活动的平均时间的比率估计为 3.9521(10 分钟),该估计量的方差估计为 0.2703,标准差估计为 0.52(10 分钟)。

如果表 7.6 的数据是第一阶段采用有放回不等概率抽群的两级抽样,被抽中概率与居民单元人数成比例,居民每天健身活动的平均时间的估计量为

$$\hat{\bar{\bar{Y}}}_{PPS}=\frac{1}{n}\sum_{i=1}^{n}\bar{y}_i=3.9542$$

居民每天健身活动的平均时间估计量的方差估计

$$v(\hat{\bar{\bar{Y}}}_{PPS})=\frac{1}{n(n-1)}[\sum_{i=1}^{n}(\bar{y}_i-\hat{\bar{\bar{Y}}}_{PPS})]=0.0577$$

居民每天健身活动的平均时间估计量的标准差估计为

$$\sqrt{v(\hat{\bar{\bar{Y}}}_R)}=0.24$$

从而,居民每天健身活动的平均时间的估计为 3.9542(10 分钟),该估计量的方差估计为 0.0577,标准差估计为 0.24(10 分钟)。

三个估计量相比,不放回等概率抽群的简单随机估计量的方差估计为 0.3622,数值最大;数值次之的是不放回等概率抽群的比率估计量,其方差估计为 0.2703;方差估计最小的是有放回不等概率抽群的不等概率抽样,其方差估计为 0.0577。如果将方差估计作为真实方差,则有放回不等概率抽群的不等概率抽样的估计量的精度最好。

R 语言代码:

```
#总体的群数
```

```
N=10;
#总体单元数
M=500;
#样本的群数
n=4;
# 4个群单元数
Mi=c(32,45,36,54);
#样本的单元数
mi=c(4,5,4,6);
#样本的第i群总值
y1=c(4,2,3,6)
y2=c(2,2,4,3,6)
y3=c(3,2,5,8)
y4=c(4,3,6,2,4,6)
#样本的第i群的总值
yi=c(sum(y1),sum(y2),sum(y3),sum(y4));
#居民每天健身活动的平均时间的估计为
Yhat=round(N*sum(Mi*yi/mi)/n/M,4);
#居民每天健身活动的平均时间简单估计量的方差估计为
vY=round(N*mean(Mi^2*(1-mi/Mi)*var(yi)/mi)/M^2+N^2*(1-n/
N)*var(Mi*yi/mi)/n/M^2,4);
#居民每天健身活动的平均时间简单估计量的标准差估计为
sdvY=round(sqrt(vY),2);
#该居民每天健身活动的平均时间的比率估计为
YRhat=round(sum(Mi*yi/mi)/sum(Mi),4);
#居民每天健身活动的平均时间比率估计量的方差估计为
vYR=round(N*mean(Mi^2*(1-mi/Mi)*var(yi)/mi)/M^2+N^2*(1-
n/N)/n/M^2*sum(Mi^2*(yi/mi-YRhat)^2)/(n-1),4);
#居民每天健身活动的平均时间比率估计量的标准差估计为
sdvYR=round(sqrt(vYR),2);
#居民每天健身活动的平均时间的无偏估计为
YPPShat=round(mean(yi/mi),4);
```

```
#居民每天健身活动的平均时间无偏估计量的方差估计为
vYPPS=round(var(yi/mi)/n,4);
#居民每天健身活动的平均时间无偏估计量的标准差估计为
sdvYPPS=round(sqrt(vYPPS),2);
```